# A música popular brasileira na vitrola de MÁRIO DE ANDRADE

FLÁVIA CAMARGO TONI [ORG.]

3ª edição revista e ampliada

edições sesc

*Pesquisa* Biancamaria Binazzi
*Preparação* Leandro Rodrigues
*Revisão* Sílvia Balderama Nara, Elba Elisa Oliveira
*Projeto gráfico, capa e diagramação* Érico Peretta

**Dados Internacionais de Catalogação na Publicação (CIP)**

T614

A música popular brasileira na vitrola de Mário de Andrade / Organização: Flávia Camargo Toni. – 3. ed. rev. ampliada. – São Paulo: Edições Sesc São Paulo, 2024. –
324 p. il.

Índice de gêneros musicais, compositores, intérpretes e músicas
Bibliografia
ISBN 978-85-9493-321-8

1. Música brasileira. 2. Música popular. 3. História. 4. Mário de Andrade. 5. Catálogo. I. Título. II. Andrade, Mário de. III. Vitrola de Mário de Andrade

CDD 780.981

Elaborada por Maria Delcina Feitosa CRB/8-6187

**Edições Sesc São Paulo**
Rua Serra da Bocaina, 570 - 11º andar
03174-000 - São Paulo SP Brasil
Tel. 55 11 2607-9400
edicoes@sescsp.org.br
sescsp.org.br/edicoes
/edicoessescsp

# Apresentação

Danilo Santos de Miranda
*Diretor do Sesc São Paulo*
*1984 a outubro de 2023*

# Música popular em tempos de modernização

Nas primeiras décadas do século XX, transformações de natureza política, econômica e social impactaram a cidade de São Paulo e a vida de seus habitantes. Eram tempos de urbanização acelerada. A chegada de imigrantes e movimentações internas do campo para os grandes centros impulsionavam a industrialização e o desenvolvimento do comércio e dos serviços.

A paisagem alterava-se rapidamente. Ruelas davam lugar a grandes avenidas. Rios que cruzavam sinuosamente o território tinham os seus percursos retificados. Arranha-céus proliferavam nos cartões-postais da metrópole em formação. Já a criação de universidades e instituições de arte inaugurava uma sociabilidade propriamente moderna. Artistas, intelectuais e profissionais liberais eram novos personagens na via pública, povoando bares, restaurantes, confeitarias e cafés.

O período de mudança alcançava também a vida privada. Modificações na estrutura social, alavancadas por uma paulatina ocupação, pelas mulheres e pelos negros, de espaços historicamente reservados a homens e brancos, impactavam relações no ambiente doméstico. Tecnologias recém-inventadas, por sua vez, definiam maneiras de produzir, distribuir e consumir cultura. O rádio, a vitrola e os discos começavam a levar a música para dentro das casas.

Em meio a esse contexto, a tensão entre processos de modernização e formas de existência tradicionais era uma das preocupações de pensadores e criadores da época. Entre eles, Mário de Andrade, escritor, crítico, musicólogo, folclorista e gestor cultural brasileiro. Afinal, como mitigar os efeitos do acelerado curso do tempo na produção cultural de pessoas cujo modo de vida ia sendo, aos poucos, desestruturado? E de que maneira seria possível associar-se a elas na construção de uma cultura nacional moderna?

Para o autor de *Macunaíma*, embora a modernidade ameaçasse manifestações populares, também poderia socorrê-la. Se “nossa música popular é um tesouro prodigioso, condenado à morte”, dizia, “a fonografia se impõe como remédio de salvação”. O registro em disco permitia agora um outro tipo de guarda e de transmissão. Servia, assim, tanto à preservação como à renovação das linguagens artísticas.

O livro *A música popular brasileira na vitrola de Mário de Andrade* apresenta a transcrição das anotações manuscritas nas capas dos 161 álbuns de música popular brasileira que integravam a sua coleção pessoal. São as primeiras impressões do autor acerca de uma produção efervescente, que posteriormente deram origem a significativa bibliografia.

Organizado por Flávia Camargo Toni, pesquisadora do Instituto de Estudos Brasileiros da Universidade de São Paulo (IEB/USP) e orientadora no Programa de Pós-Graduação em Musicologia da Escola de Comunicações e Artes, traz também indicações e trechos selecionados dessa literatura, além de diversos artigos sobre o tema.

Como se verá a seguir, a música popular, tal qual as demais produções assim qualificadas, tantas vezes confundidas com expressões a-históricas, advindas de tempos imemoriais e para sempre estagnadas, é fonte inesgotável de inventividade. Para o Sesc, relançar esta obra estimula olhares – e ouvidos – mais complexos sobre a produção cultural brasileira e os seus criadores.

(Texto escrito em março de 2023)

Industria
Brasileira
BABAÔ MILOQUÊ
(Josué
Josué

# Prefácio

José Ramos Tinhorão
*Jornalista, crítico e pesquisador da história da música popular brasileira*

A ideia de organizar, em livro, o catálogo dos 161 discos de música popular brasileira da coleção pessoal de Mário de Andrade, acompanhado da transcrição das anotações manuscritas encontradas nas capas de "cartolina lisa" que os revestiam, resulta – antes de tudo – na comprovação de mais um mérito a ser acrescido aos muitos já creditados àquele grande estudioso: o de pioneiro no uso de produtos da indústria do lazer internacional como documento para o estudo do processo cultural brasileiro.

Enquanto outros contemporâneos, como Cruz Cordeiro[1], em *Phono-Arte* – "a primeira revista brasileira de fonografia" –, e Djalma De Vicenzi, na revista *Weco*, da Casa Carlos Wehrs, reproduziam no Brasil a novidade mundial de crítica de música popular com caráter jornalístico-promocional, Mário de Andrade acompanhava os lançamentos de discos com ouvido de estudioso de um fenômeno novo, o da criação de produtos sonoros dirigidos ao mercado do lazer urbano.

Conforme depoimento de José Bento Faria Ferraz, o Bentinho, antigo aluno e secretário de Mário de Andrade, o então crítico do jornal paulistano *Diário Nacional* costumava, desde a virada das décadas de 1920-1930, colocar discos na vitrola de corda todas as manhãs e, enquanto se barbeava, ia ruminando as impressões que logo registraria escrevendo, à mão, nas capas de cartolina. E, como a partir de início dos anos 1930 passou a receber de um amigo, funcionário da fábrica Victor, com regularidade, todas as gravações de música popular saídas sob aquele selo, continuou até pelo menos 1937 a acompanhar de perto a evolução do fenômeno da criação de música "popular" produzida pelos primeiros profissionais da indústria cultural na área do disco.

O curioso é que, embora deixando-se envolver pela sugestão das melodias, que tão bem sabia avaliar por seu conhecimento de música e por sua definida posição teórico-nacionalista, Mário de Andrade adotava em suas observações críticas o devido distanciamento científico, o que o levava a chamar o malandríssimo cantor Moreira da Silva de "sr. Antônio Moreira da Silva", e a trêfega cantorinha iniciante Carmen Miranda, mal entrada na casa dos 20 anos, de "sra. Carmen Miranda".

O ouvido crítico de Mário de Andrade, porém, era certeiro, e tudo o que apontou como criação de algum valor cultural, em disco, por aqueles primeiros anos da década de 1930, pode ser confirmado hoje com a isenção do

1 Jornalista, secretário e redator da revista *Phono-Arte*, a primeira publicação brasileira especializada em discos.

tempo na perspectiva histórica. Seu entusiasmo pelo desconhecido Mota da Mota – que, aliás, não alcançaria sucesso com seus jongos "São Benedito é ôro só" e "Eu vou girá" – é plenamente justificado setenta anos depois, exatamente pela qualidade que o crítico apontava nele: "Em ambos [os jongos] a adaptação individualista foi perfeita, não descaracterizou nada"[2].

Da mesma forma, quando elogia o Conjunto Tupi por sua gravação de pontos de macumba, Mário de Andrade nada mais faz do que reproduzir o entusiasmo com que, na Argentina, o historiador do jazz e especialista em música negra nas Américas Néstor Ortiz Oderigo ouvia soarem os tambores e atabaques daqueles tocadores de terreiros cariocas, levados ao estúdio de gravação por seu líder, o cantor-compositor-macumbeiro J. B. de Carvalho. Os dois estudiosos coincidiram, por sinal, acertadamente, no julgamento de autenticidade do ritmo que – e isso talvez nenhum dos dois soubesse – provocava "quedas no santo" em fiéis da religião negro-carioca quando estes ouviam o disco.

Para quem sabe ler o pouco que existe em matéria de contribuição real à compreensão do processo de criação de música popular verdadeiramente brasileira, o catálogo organizado no Instituto de Estudos Brasileiros (IEB) pela professora Flávia Camargo Toni, e agora publicado na forma de livro sob o título *A música popular brasileira na vitrola de Mário de Andrade*, é uma fonte de ensinamentos e de surpresas. Porque, quando se trata de estudos de cultura popular no Brasil, por mais que se saiba, sempre há o que aprender com o pioneiro Mário de Andrade.

São Paulo, 2004

2 Ver disco 49, no "Catálogo".

mal discado mas um

da discoteca nacional

ueiro". Mal dia coisa i

ma, com arabescos p

nordestina e mesmo

tinha pertencente ao

te catimbó, que colhi

o Norte, na Paraíba

Tro

# Introdução

Flávia Camargo Toni

Este livro elenca 161 discos de um total de 544 colecionados por Mário de Andrade. Eles integram, hoje, o Arquivo do escritor, patrimônio do Instituto de Estudos Brasileiros da Universidade de São Paulo, um dos mais ricos e importantes acervos de nosso país. A série Discos do Arquivo Mário de Andrade é composta por gravações em 78 rotações, com diâmetros de 25 e 45 cm. A variedade de assuntos gravados reflete os múltiplos interesses do professor e musicólogo em discos que se dedicam aos registros de músicas erudita, popular urbana e folclórica, discursos e cantos de pássaros; também engloba autores brasileiros e estrangeiros, gravados no Brasil ou não.

Mário de Andrade escutava de tudo – das milongas ao jazz, de Francisco Mignone a Arnold Schoenberg –, embora aqui estejam apenas os discos de música popular brasileira. O motivo desta seleção é simples: o ouvinte e colecionador contemplou a produção nacional popular – urbana e folclórica –, anotando, nas capas dos discos, suas impressões de audição, ora detendo-se nas obras, ora nos intérpretes. Além disso, como será visto adiante, o fruto de suas análises permeia certos artigos e ensaios, enfocando porção significativa dos 161 discos.

Se, trabalhando em seu gabinete, o estudioso podia anotar em fichas avulsas ou recobrir as margens de seus livros, destacando trechos de interesse ou redigindo temas que contava aproveitar, as capas dos discos eram incômodas para o fichamento. Logo, substitui os invólucros que vinham com as propagandas das fábricas, sem fichas técnicas, por outros que mandava fazer em cartolina lisa, e, nessas novas capas, com letra miúda, a lápis ou tinta, escrevia à vontade. Essas notas muitas vezes foram rascunhos ou primeiros manuscritos da redação de críticas jornalísticas e ensaios.

Essa coleção de discos reencapados recebia ainda informações – dispostas na parte central superior, ou seja, na abertura das capas – concernentes à organização da discoteca: a numeração particular do proprietário, as iniciais das gravadoras e os números dos discos. É por onde se sabe que os discos pequenos, de 25 cm de diâmetro, somaram 367 exemplares, dos quais dez não chegaram ao IEB (números 128, 204, 237, 279, 280, 304, 306, 334, 350 e 362). Quanto aos 161 que se dedicam à música popular urbana e folclórica, se ordenados segundo a numeração de Mário de Andrade, corresponderiam à sequência: 4, 6, 7, 10 a 13, 15 a 51, 53 a 62, 134, 177, 182, 201, 217 a 222, 224 a 232, 234 a 236, 238 a 255, 259, 261 a 267, 269 a 278, 286, 287, 289 a 291, 305, 307 a 320, 322, 324 a 333, 335, 337, 339 a 342, 344 a 348, 351 a 355, 357 a 359, 365 e

367, compreendidas, também, as duplicatas. As lacunas entre os números equivalem aos demais gêneros musicais ou a discos de música estrangeira: 183 são de música popular e folclórica da Argentina, de Cuba, Portugal, dos Estados Unidos, do Haiti, da Espanha, Alemanha, Grécia e do Paraguai, com foxtrote, jarana, son, criolla, jota, bolero, fado, rumba, para citarmos apenas alguns exemplos[1]. Nossa ordenação, no entanto, não segue a de Mário de Andrade, numeração arbitrária, como será demonstrado adiante.

Após atribuir um número para o disco em sua coleção, Mário anotava as iniciais da gravadora, que, no caso da música popular brasileira, podia ser a RCA Victor Brasileira Inc. (Rio de Janeiro) ou a Victor Talking Machine Co. (São Paulo), indicadas com "V." ou "V. B."; a Columbia Brazil Phonograph Company Inc., "C. B."; a Transoceanic Trading Company (Odeon), "O. B." ou "O."; a Arte-Fone, "A.", e a Parlophon, "P. B.". Todos os discos pertencem ao período compreendido entre 1927 e 1945: há dois discos lançados pela Parlophon em 1931, véspera do fechamento da gravadora; cinco da Arte-Fone, de São Paulo, de 1931 e 1932, gravadora de vida efêmera; 24 da Columbia, lançados entre 1929 e 1942; 31 da fábrica Odeon e 96 da Victor, produzidos entre 1927 e 1945. Provavelmente, de 1945 são os de selo da Discoteca Pública, que reproduzem alguns dos fonogramas registrados em campo pela Missão de Pesquisas Folclóricas anos antes, em 1938, quando da ida do grupo de pesquisadores enviados pelo Departamento de Cultura ao Norte e Nordeste. Embora bastante numerosos, os 28 discos apresentam os cultos de Xangô, tambor de mina e tambor de crioula, correspondendo, aqui, a apenas três números, de 159 a 161.

O fato de a gravadora Victor estar mais bem representada na discoteca de Mário de Andrade não se deve apenas ao sucesso comercial da empresa. O próprio colecionador teve o cuidado de explicar a origem dos exemplares, alertando os ouvintes mais exigentes na capa daquele que traz os sambas "Vai sair bagagem", de Marques da Gama, e "Mulambo", de Cruz Cardoso: "Sempre é preciso saber que muitos discos desta minha coleção, quase todos os Victor até pouco mais de 250 me foram dados pra coleção. D'aí a posse de coisas como estas que aliás são ótimas pra quando precisar citar porcarias absolutas"[2].

1 Os discos grandes, de 45 cm de diâmetro, em geral apresentam música universal, de concerto, como Wagner, Verdi, Mozart, Francisco Mignone, Camargo Guarnieri. Mário de Andrade inicia a numeração dessa seção no n. 1.000 e segue até 1.131, com falhas nos n. 1.075 e 1.098 a 1.101.

2 Ver disco n. 32, no "Catálogo".

O amigo que certamente enriqueceu a discoteca do escritor foi Paulo Ribeiro Magalhães, um dos fundadores do Partido Democrático e do *Diário Nacional*, que trabalhou na RCA Victor. A convite de Mário, em 1935, Paulo dirigiu a Seção de Teatros, Cinemas e Salas de Concertos da Divisão de Expansão Cultural do Departamento de Cultura.

A substituição das capas originais de fábrica e a consequente adoção de uma numeração em ordem crescente acompanhando a incorporação de novos exemplares à discoteca não foram empregadas pelo musicólogo desde o início de sua coleção. Os discos numerados como 4, 6 e 7, por exemplo (respectivamente, números 17, 21 e 16 no "Catálogo"), foram lançados em 1929, enquanto o 291 (nosso número 1), dois anos antes. Mas é a observação dessa mesma sequência numérica, confrontada com as datas de lançamento ou gravação dos discos, que leva a supor que a adoção das capas de cartolina lisa tenha se dado em meados de 1935. Os discos da gravadora Victor lançados nesse ano preenchem quase toda a dezena entre os números 321 e 330 – numeração de Mário de Andrade –, e os da Odeon, do mesmo período, recebem os números 332, 335 e 337.

A data da substituição das capas, ou seja, da ordenação numérica da discoteca de Mário de Andrade, é confirmada pelo ano da fundação da Discoteca do Departamento de Cultura. Oneyda Alvarenga, nomeada chefe da seção, empregará a mesma forma de acondicionamento para os discos do acervo público. O fato pode atestar a data da organização da discoteca de Mário, mas coloca a questão: Qual dos dois, Mário ou Oneyda, lançou mão do recurso antes? E, como ambos eram metódicos, talvez tenham ido buscar o modelo em outra instituição, como a Discoteca de Montevidéu (Uruguai), fundada por Francisco Curt Lange.

A capa de cartolina se mostra tão eficiente que, em 1940, Carleton Sprague Smith, diretor da Seção de Musicologia da Biblioteca Nacional de Nova York, pede amostras dela. Mário de Andrade está morando no Rio de Janeiro desde o ano anterior, e Oneyda escreve, vaidosa, a 27 de julho: "Mais que as palavras [de Carleton Sprague Smith], que podem ser amabilidade, valem as coisas práticas: me pediu modelos das fichas folclóricas e explicação por escrito do mecanismo desse fichário; modelos dos nossos envelopes de discos; modelos de nossos quadros estatísticos"[3].

3 Oneyda Alvarenga e Mário de Andrade, *Mário de Andrade e Oneyda Alvarenga: cartas*, São Paulo: Duas Cidades, 1983, p. 243.

Além de eficientes, as capas eram práticas para o registro das análises do musicólogo. E, como suportes privilegiados da escrita, precisavam ter seus conteúdos contemplados juntamente com os verbetes dos discos do colecionador, o que nos levou a registrar tanto os dados técnicos dos discos quanto as notas de Mário de Andrade.

## Este livro

Visando apresentar aqui os discos segundo a ordem cronológica de gravação ou lançamento, consultei a *Discografia brasileira – 78 rpm: 1902-1964*[4], de Alcino Santos, Gracio Barbalho, Jairo Severiano e Miguel Ângelo de Azevedo (Nirez), tanto em 2004 (ano da 1ª edição deste livro) quanto agora. No tocante a esse aspecto do livro, a principal diferença entre a primeira e a presente edição reside no fato de que, atualmente, em sua forma consolidada no portal do Instituto Moreira Salles[5] – apelidada de Discografia Brasileira –, ela conta com mais de 60 mil fonogramas catalogados, a maioria deles disponível para audição *online*.

Com a intenção de ampliar o alcance da pesquisa, já em 2004 eu recenseara a literatura musical de Mário de Andrade, onde deságuam os comentários das capas de boa parte dos 161 discos de música popular. Para tanto, consultei os livros sobre música publicados pelo autor, manuscritos do Arquivo do Instituto de Estudos Brasileiros e a crítica jornalística assinada por ele. Quando oportuno, para cada disco, após a transcrição dos conteúdos dos selos dos lados A e B, e abaixo da transcrição das notas de Mário de Andrade escritas nas capas, vem a indicação: "Referências na literatura musical de Mário de Andrade".

Quando acrescentam dados àqueles que Mário de Andrade anotou nas capas, os trechos foram transcritos após os conteúdos dos dois lados de cada disco. No caso de os comentários e as análises abrangerem mais de um autor ou intérprete, optei por remeter o leitor a textos do "Apêndice" ou a outros pontos do "Catálogo", com a indicação "Ver n.". Se as menções são genéricas, ou seja, se o autor apenas cita o disco sem analisá-lo, como ocorre com aqueles que constam da bibliografia do capítulo de música brasileira do *Compêndio de história da música*, vem apenas a indicação "Ver também".

4 Alcino Santos *et al.*, *Discografia brasileira – 78 rpm: 1902-1964*, 5 v., Rio de Janeiro: Funarte, 1982.

5 Ver: <www.discografiabrasileira.com.br>, acesso em: mar. 2023.

Após a edição de 2004, localizamos menções de Mário de Andrade à música popular anotadas em dois manuscritos que permaneceram inéditos, a saber, *Melodias do boi* e *O sequestro da Dona Ausente*. Enquanto o primeiro é um repositório das notas de trabalho para os estudos em torno da cultura do boi, inclusive os bailados populares, no outro foram reunidas as anotações para os estudos sobre o "sentimento amoroso na literatura popular brasileira", como explica Telê Porto Ancona Lopez[6]. Curiosamente, o disco mencionado por Mário de Andrade entre essas notas de trabalho não consta de sua coleção. Diz a nota:

> Sequestro da Dona Ausente.
> Cocos
> *Saia do Sereno*
> Outra versão cant[ada] por Stefana de Macedo
> Disco Columbia
> 5092 B

A peça por ele mencionada, *Saia do sereno*, teve dois registros cronologicamente próximos. O de 1925, pela gravadora Odeon (número R 122818), acolhe obra homônima, de autoria de Marcelo Tupinambá, com a Jazz Band Sul Americano Romeu Silva. A gravação da Columbia é de 1929, número de Matriz 380232-1. Foi lançada em outubro daquele ano, e Stefana de Macedo foi acompanhada por violões.

Assim, nesta terceira edição, ao apontarmos os textos de Mário de Andrade nos quais foram mencionados autores e obras gravados em discos e que ele provavelmente ouviu a partir de sua coleção, uniformizamos as referências, como segue, aqui relacionadas em ordem alfabética, pelo título do livro, ensaio ou artigo:

- "A música e a canção populares no Brasil". Em: ANDRADE, Mário de. *Ensaio sobre a música brasileira*. 3. ed. São Paulo/Brasília: Martins/INL, 1972. Referido como "A música e a canção";
- "A música no Brasil". Em: ANDRADE, Mário de. *Música, doce música*. 2. ed. São Paulo/Brasília: Martins/INL, 1976;

6 Telê Porto Ancona Lopez, *Mário de Andrade: ramais e caminho*, São Paulo: Livraria Duas Cidades, 1972, p. 136.

- "A pronúncia cantada e o problema do nasal brasileiro através dos discos". Em: ANDRADE, Mário de. *Aspectos da música brasileira.* 2. ed. São Paulo/Brasília: Martins/INL, 1975. Referido como "A pronúncia cantada";
- ANDRADE, Mário de. *Aspectos da música brasileira*. 2. ed. São Paulo/Brasília: Martins/INL, 1975. Referido como *Aspectos*;
- ANDRADE, Mário de. *Café* (Libreto). MA-MMA-021. Fundo Mário de Andrade, Instituto de Estudos Brasileiros, Universidade de São Paulo;
- ANDRADE, Mário de. *Compêndio de história da música*. 2. ed. São Paulo: L. G. Miranda, 1933. Referido como *Compêndio*;
- ANDRADE, Mário de. *Dicionário musical brasileiro*. Coordenação de Oneyda Alvarenga (1982/1984) e Flávia Camargo Toni (1984/1989). São Paulo: IEB/Edusp; Brasília: MinC; Belo Horizonte: Itatiaia, 1989. Referido como *Dicionário*;
- "Ernesto Nazaré". Em: ANDRADE, Mário de. *Música, doce música*. 2. ed. São Paulo/Brasília: Martins/INL, 1976. Referido como "Nazaré";
- ANDRADE, Mário de. *Fichário analítico*. MA-MMA-048. Instrumentos de Pesquisa MA. Fundo Mário de Andrade, Instituto de Estudos Brasileiros, Universidade de São Paulo;
- "Marcelo Tupinambá". Em: ANDRADE, Mário de. *Música, doce música*. 2. ed. São Paulo/Brasília: Martins/INL, 1976. Referido como "Tupinambá";
- ANDRADE, Mário de. *Melodias do boi*. MA-MMA-019. Fundo Mário de Andrade, Instituto de Estudos Brasileiros, Universidade de São Paulo;
- ANDRADE, Mário de. *Música de feitiçaria no Brasil*. Organização, introdução e notas de Oneyda Alvarenga. São Paulo: Martins, 1963. Referido como *Música de feitiçaria*;
- ANDRADE, Mário de. *Os cocos*. Preparação, introdução e notas de Oneyda Alvarenga. São Paulo/Brasília: Duas Cidades/INL, Fundação Pró-memória, 1984;
- "Sinhô". Em: ANDRADE, Mário de. *Taxi e crônicas no Diário Nacional*. Estabelecimento de texto, introdução e notas de Telê Porto Ancona Lopez. São Paulo: Duas Cidades/SCCT, 1976.

Na transcrição dos conteúdos anotados por Mário de Andrade nas capas, bem como na transcrição dos trechos dos livros que complementam as notas do autor, atualizei a grafia segundo a norma culta vigente. Respeitei, no entanto, as idiossincrasias que poderiam comprometer o ritmo da frase, caso do emprego do "pra", usado sistematicamente pelo musicólogo no lugar de "para", e de "prá", no lugar de "para a".

Para os nomes e apelidos de autores e intérpretes, norteei-me pela já citada *Discografia brasileira*. Mesmo respeitando os conteúdos dos selos dos discos, isto é, adotando os nomes dos compositores tal como aparecem, ora completos, ora apenas seus apelidos ou, ainda, unindo as duas formas divulgadas – nome artístico e apelido –, às vezes foi necessário complementar informações, como nos casos de ausência de preposições e nomes abreviados. Para tal complementação, pautei-me pela consulta à bibliografia disponível; e, as minhas interferências, sinalizei entre colchetes.

No "Apêndice" apresentado no final do livro, reproduzi textos de Mário de Andrade que, no meu ponto de vista, são os mais significativos a respeito da "discação nacional", para me valer de expressão por ele empregada no início da década de 1930.

Dos artigos publicados quando Mário de Andrade noticiava os lançamentos de discos para o carnaval, reproduzi três, reunidos por Telê Porto Ancona Lopez em *Taxi e crônicas no Diário Nacional*: "Gravação nacional", "Carnaval tá aí" e "Cuba, outra vez"[7]. A eles acrescentei quatro, do mesmo jornal, que cronologicamente inauguram a atividade do crítico musical de discos: "O fonógrafo", "Discos e fonógrafos", "Cinema sincronizado" e "Cinema sincronizado e fonografia". Os dois últimos, curiosamente publicados no mesmo dia, foram localizados no Arquivo do Instituto de Estudos Brasileiros e transcritos por Francini Venâncio de Oliveira, a quem agradeço[8].

Também de Mário de Andrade, "O disco popular no Brasil", outro documento localizado em seu Arquivo e pouco divulgado, aponta a reflexão do colecionador e crítico, que enfoca, retrospectivamente, a produção de nossas gravadoras. Em 1993, ao preparar esse texto para edição[9],

7 Mário de Andrade, *Taxi e crônicas no Diário Nacional*, estabelecimento de texto, introdução e notas de Telê Porto Ancona Lopez, São Paulo: Duas Cidades/SCCT, 1976.

8 Projeto "Música e política no jornalismo musical de Mário de Andrade", Iniciação Científica, Fapesp, 2001/2002.

9 Flávia Camargo Toni, "Discos de MPB serviam ao prazer e ao estudo matinais", *O Estado de S. Paulo*, 9 out. 1993, Cultura, p. 4.

acrescentei notas de pesquisa, mas, naquela ocasião, não me dei conta de que talvez se trate de um esboço de ensaio ou artigo que o então diretor do Departamento de Cultura tivesse planejado para fundamentar a defesa da criação ou manutenção de verbas da Discoteca Pública Municipal. Esse é provavelmente o caso do documento "Justificação da verba para 1937 sobre gravação de discos"[10]. Pertencente ao acervo histórico da Discoteca Pública, foi localizado por Biancamaria Binazzi durante sua pesquisa de Mestrado. Anônimo e apócrifo, embora a autoria de Oneyda Alvarenga não seja descartada, o datiloscrito pode ter tido a participação de Mário de Andrade na escritura, pois é sabido que entre eles havia muita cumplicidade e parceria, na amizade e no trabalho. No entanto, o documento não faz referência às coleções da Discoteca ou à do musicólogo, nem se dedica aos discos de música popular, mas atesta o movimento vigoroso a favor do emprego dos registros sonoros na constituição das memórias musicais em discos, da maneira como era praticado por instituições estrangeiras e viria a ser praticado também pelo Departamento de Cultura, com a Missão de Pesquisas Folclóricas, em 1938.

Dos demais documentos apresentados no "Apêndice", três cartas estão vinculadas à amizade de Mário com o amigo "vitrolófilo" Paulo Ribeiro Magalhães, piracicabano, aquele que lhe ofertou os discos da RCA Victor. Todas foram mantidas pelo destinatário nos manuscritos do *Dicionário musical brasileiro*, uma no verbete "Samba" e as demais em "Toada". A primeira, contando de que forma os gaúchos passaram a comprar discos de samba, é uma resposta ao artigo "Cuba, outra vez", e é documento significativo sobre a produção comercial brasileira. As duas outras cartas, na verdade enviadas ao mesmo Paulo pela dupla caipira Zico Dias e Ferrinho, de Piracicaba, apontam para a possibilidade de Mário de Andrade ter de alguma forma colaborado para que os dois cantadores gravassem na RCA Victor.

Concluindo o "Apêndice", transcrevi trecho da carta do musicólogo para o jovem amigo carioca Moacir Werneck de Castro[11]. Dada a beleza comovente da análise de Mário de Andrade sobre dois sucessos nacionais, "Ai! Que saudade da Amélia" e "Praça Onze", esta não poderia deixar de constar deste livro. Mesmo porque, pelo que se sabe até o momento, são,

10 "Justificação de verba para 1937 sobre gravação de discos". São Paulo (município). Pasta 1935 a 1939. Não catalogado. Fundo Discoteca Pública Municipal. Acervo Histórico da Discoteca Oneyda Alvarenga. Secretaria Municipal de Cultura. Centro Cultural São Paulo.

11 Moacir Werneck de Castro, *Mário de Andrade: exílio no Rio*, Rio de Janeiro: Rocco, 1989.

cronologicamente, as derradeiras expressões de Mário de Andrade sobre nossa música popular gravada em discos.

Finalmente, quanto às funcionalidades acrescentadas a esta terceira edição, foram adicionados dois novos índices, para a busca dos títulos dos fonogramas e para a busca dos gêneros musicais, elaborados por Biancamaria Binazzi.

Apesar de não termos atualizado a pesquisa que deu origem à edição de 2004, é notório que de lá para cá muito se avançou em relação à história da fonografia e de sua relação com o estabelecimento de rádios e a sedimentação de repertórios de músicas e canções veiculados pela programação das emissoras. As carreiras de compositores e intérpretes das décadas de 1920 e 1930 estão repletas de exemplos que suscitaram as análises e comentários de Mário de Andrade nas capas de seus discos, bem como serviram de temas para dissertações e teses. Não menos importante foi o avanço nas reflexões acerca do papel das discotecas como instituições que, na vida privada ou na esfera pública, participaram em planos variados das formas de difusão e aprendizado da música, bem como da construção das memórias musicais. Assim, para não fugir do foco, aponto na "Bibliografia" as obras consultadas a partir de 2004, com a finalidade precípua de atualizar os dados do catálogo e auxiliar na consolidação de uma fonte de referências para o estudo de um breve período da fonografia do século XX. Eis o caso, por exemplo, da pesquisa de Pedro Henrique Macerani, de 2016, em parceria com o Instituto Cornélio Pires[12]. Nesse caso específico, as informações detalhadas e inéditas nos auxiliaram a identificar o nome do cantor "Caçula", vale dizer, Rubens da Silva, que participa de um dos registros da turma caipira Cornélio Pires.

Outros dados que auxiliaram na atualização das informações do presente catálogo foram de natureza fortuita, mas não menos valiosos, como é o caso do confronto dos dados técnicos de uma prova de gravação do acervo de Mário de Andrade. Trata-se da peça "Congo Malabá", que, de acordo com o que apurou Gilberto Inácio Gonçalves, ao localizar a obra no diário de registros das gravações realizadas entre 1929 e 1939[13], da RCA Victor, aparentemente não é uma prova reprovada de "Babaô Miloquê" (ver n. 25 no catálogo).

Da mesma forma, o trabalho de Biancamaria Binazzi, já mencionado, auxiliou a entender melhor a construção de diálogos entre as instituições,

12 Ver: <www.corneliopires.com.br>, acesso em: mar. 2023.

13 Acervo particular de Miguel Ângelo de Azevedo.

pois sua dissertação[14] aproxima os trabalhos de Alan Lomax e Oneyda Alvarenga, interlocutores que discutem os caminhos para o colecionamento de registros sonoros que não se detém no valor atribuído pelo mercado onde reinava o interesse das gravadoras.

A passagem da década de 1920 para 1930 aponta transformações importantes nas formas de apreender novos repertórios, sentidos que alcançam as carreiras de muitos e muitas artistas que se valeram das músicas de tradição oral, cantadas no campo ou nas cidades. O fato comprova a importância de obras de referência como a de um catálogo desta natureza, ou do estudo da carreira de Elsie Houston, para citar outro exemplo. A cantora carioca, que chegou a estudar canto lírico e subiu ao palco para interpretar obras de Villa-Lobos, em Paris, sendo acompanhada por Lucília Guimarães Villa-Lobos, demonstra o interesse deste campo de estudos[15]. Ao selecionar as obras de interesse para as gravações de seus discos, Elsie lançava mão de pesquisas de sua própria lavra e realizadas por colaboradores, caso do coco "Jurupanã" (Columbia, n. 7.053, lançado em 1930). O coco anotado por Mário de Andrade em sua passagem pelo Rio Grande do Norte, entre dezembro de 1928 e março de 1929, era cantado pelo improvisador e compositor Chico Antonio, funcionário do Engenho Bom Jardim, propriedade da família de Antonio Bento de Araújo Lima, que viveu por algum tempo em São Paulo antes de fixar residência no Rio de Janeiro. Foi por intermédio deste que Mário de Andrade foi introduzido na "cantoria" popular e chegou ao cantador potiguar, no período de sua vida de musicólogo em que experimentava o trabalho de campo de cunho etnográfico, anotando as cantigas de interesse a partir da correpetição ao piano. Em tais circunstâncias, prezava sobremaneira o ineditismo das cantigas e melodias que estudava.

Mesmo sem ter escutado a gravação de Elsie Houston em disco, a 15 de fevereiro de 1930, Antonio Bento escreveu do Rio de Janeiro para Mário de Andrade, explicando ao amigo uma disputa em torno dos usos de

14 Biancamaria Binazzi, *Fonografia em trânsito: o intercâmbio de discos entre a Discoteca Pública Municipal de São Paulo e a Biblioteca do Congresso em Washington (1939-1943)*, dissertação, Instituto de Estudos Brasileiros, Universidade de São Paulo, 2019. Ver também *Goma-Laca: afrobrasilidades em 78 rpm* (2014) e *Goma-Laca: cantos populares do Brasil de Elsie Houston* (YB Music/2019), produzidos por Biancamaria Binazzi e Ronaldo Evangelista com o apoio do ProAC.

15 Flávia Camargo Toni, "Fonografia e projeto nacional: o Brasil no Congresso de Arte Popular de Praga (1928)", em: Flávia C. Toni e Fernando Paixão (org.), *Estudos brasileiros em 3 tempos: 1822-1922-2022: ensaios sobre o modernismo*, Belo Horizonte: Fino Traço, 2021.

"Jurupanã"[16]. Pelo que se infere, a cantora manifestara interesse tanto pela pesquisa de Mário a respeito do bumba meu boi quanto pelo coco de Chico Antonio, mas o assunto não foi detalhado porque o crítico e jornalista potiguar nada sabia especificar. Fora informado da gravação de "Jurupanã", porém não sabia onde a cantora obtivera letra e melodia, o que deixa aberta a possibilidade de que o próprio intelectual paulista tivesse colaborado com a artista.

16 Carta de Antonio Bento de Araújo Lima para Mário de Andrade, Rio de Janeiro, 15 fev. 1930, manuscrita a lápis, papel branco, 20,4 x 13,5 cm, MA-C-CPL-4086, Fundo Mário de Andrade, Instituto de Estudos Brasileiros, Universidade de São Paulo.

# Eu victrolo, tu victrolas, ele victrola

Flávia Camargo Toni

A relação de Mário de Andrade com a "discação nacional" se manifesta sob três aspectos: na criação literária, pela imagem poética – demonstrando que o uso do fonógrafo era um hábito cotidiano –, como fonte de pesquisa e como fruição, apenas.

Em 1924, a imagem do aparelho que reproduz, incansável, as melodias que despertam memórias está nos últimos versos de "Carnaval carioca", poema dedicado a Manuel Bandeira, quando diz: "Carnaval.../ Porém nunca tive intenção de escrever sobre ti/ Morreu o poeta e um gramofone escravo/ Arranhou discos de sensações..."[1].

De fato, o depoimento de Fernando Rocha, primo e afilhado de Mário, permite que se vislumbre em que medida o disco participava da rotina do musicólogo. Conta ele que o aparelho de som ficava no quarto de dormir do padrinho, que, vendo o menino inquieto, pedia seu auxílio enquanto trocava de roupa: "Fernando, venha cá. Dá corda na vitrolinha. Agora ouve esse disco"[2]. Na memória do rapazinho ficou registrada a audição da *Rapsódia crioula*, de Duke Ellington, e o despertar do gosto para o jazz.

O professor José Bento Faria Ferraz, que, na juventude, foi aluno e secretário de Mário de Andrade, lembra-se do mestre, quando feliz, principalmente no tempo fecundo do Departamento de Cultura, cumprindo uma espécie de rito matinal. Ele acordava cedo e, ao se barbear, colocava um disco na vitrola. O secretário punha-se ali aguardando o início das tarefas e, às vezes, podia observá-lo fazendo anotações nas capas de seus discos.

Não se tem notícia, no entanto, do momento exato em que Mário de Andrade adquire sua "vitrolinha" ou passa a colecionar discos. Em 1927, a "música mecânica" – expressão por ele empregada –, que possibilita a ampliação do conhecimento musical, é fato consumado na vida do estudioso. Em novembro daquele ano, atendendo à solicitação de Luciano Gallet, Mário analisa, em longa carta, o conjunto da produção do amigo, porque o compositor carioca afirma estar vivendo um impasse na carreira de criador: "Cheguei ultimamente a uma sensação de incompatibilidade entre música interior e música brasileira". Mesmo sabendo que proximamente se encontrariam no Rio de Janeiro e poderiam conversar com mais folga, Mário adianta uma dose de sua receita: "[...] Creio que um banho completo

1 Mário de Andrade, "Clã do jabuti", em: *Poesias completas*, edição crítica de Diléa Zanotto Manfio, São Paulo/Belo Horizonte: Edusp/Itatiaia, 1987, p. 167.

2 Depoimento de Fernando Rocha, em: *Eu sou trezentos, eu sou trezentos e cincoenta: Mário de Andrade visto por seus contemporâneos*, Rio de Janeiro: Agir, 2008, p. 56.

de Stravinski e Falla duns dois meses havia de fazer bem pra você. Música mecânica. Enfim falaremos [...]"[3].

De fato, os discos mais antigos do Arquivo de Mário de Andrade que chegaram até nós pertencem à fase da gravação elétrica iniciada, no Brasil, em 1927. Da Odeon, a pioneira no mercado, ele possui dois lançamentos daquele ano; porém, deve ter escutado pelo menos mais um outro da mesma época, que trazia, em uma das faces, "Dona Clara" (Odeon, n. 10.084), conhecida ainda como "Não te quero mais", de Donga e João da Baiana.

Cronologicamente, a referência mais antiga de Mário de Andrade ao conteúdo de um disco, em texto de próprio punho, deve datar também de 1927, quando ele organiza os dados que Pixinguinha lhe oferecera sobre a macumba do Rio de Janeiro. Explica-se: no ano anterior, o compositor carioca estivera em São Paulo, com a Companhia Negra de Teatro, dirigindo a orquestra do espetáculo *Tudo preto*. Na análise das cantorias do culto, as informações obtidas são transcritas em folhas destacadas de uma caderneta de bolso e confrontadas com os versos de "Dona Clara".

Em 1926, Mário ainda não tivera seu corpo fechado por mestre Carlos, e cabia, então, aproveitar ao máximo as informações que Pixinguinha pudesse lhe oferecer. Após transcrever os esclarecimentos sobre as funções e hierarquias dentro de um terreiro, ele quer detalhes sobre a ocorrência dos cânticos:

> Depois da litania de salvação dos santos se dão certas cerimônias em parte coreográficas e acompanhadas talvez de cantos que não posso descrever por ter evitado de as descrever meu informador. Essas cerimônias continuam até que um dos presentes anuncia a chegada dum santo nele. O informante crente pio me confessou amargurado que é uma vergonha certas macumbas de porcaria em que santo aparece por dá cá aquela palha. Não vê! Nas macumbas que se prezam muita noite se gasta sem que nenhum santo se lembre ou se digne de aparecer. Tem mesmo certos santos que se fazem de rogados por demais. Entre esses se distingue Ogum, que passa às vezes ano sem que apareça! O anúncio de que o santo vai chegar dá um frêmito de terror adorante nos assistentes. A pessoa

3 Carta de Mário de Andrade a Luciano Gallet, datada de novembro de 1927, série Correspondência, subsérie Correspondência Ativa, Fundo Mário de Andrade, Instituto de Estudos Brasileiros, Universidade de São Paulo.

em que o santo vai entrar se torna atenção de todos. De repente ela começa a puxar um canto a que todos os assistentes fazem coro. O santo chegou. Muitas vezes os instrumentistas, mesmo o ogã (tocador de atabaque, posto importante), pelejam pra acompanhar direito esses cantos estranhos, muitas vezes improvisações duma variedade rítmica tão infinita e sutil que não tem compasso possível pra elas. "Seria preciso muitos compassos diferentes pra anotar esses cantos", me contou meu informador. E essa maneira inculta de dizer que esses cantos são por vezes de ritmo livre é absolutamente fidedigna, pois quem me informa sabe música brasileira a fundo, é turuna nos nossos ritmos populares. Canta a pessoa em que o santo entrou, já inteiramente possessa e o coro faz a adoração do santo. Depois então principiam os pedidos pro santo, que os dá ou não. Uma coisa curiosa é que todos os crentes dessas macumbas têm cada qual um santo que o protege. É filho de santo. Um é filho de Ojosse [Oxóssi], outro filho de Xangô e assim por diante. Quando um santo desce no corpo de alguém, logo reconhece os filhos presentes e tem pra estes carinhos muito especiais. Concede o que os filhos querem e mesmo descobre o que falta a estes, se são infelizes, se são doentes. Muitas vezes mesmo ao pai de santo manda o santo fazer tal coisa pelo filho dele. E o pai de santo é obrigado a obedecer, senão corre desgraça nele e desonra, o que é pior. Tem até por vezes de gastar muito dinheiro com o filho de santo. E gasta. Os cantos dos santos encarnados são na infinita maioria incompreensíveis pros negros do Brasil. Ou em línguas africanas ou puramente mágicos em palavras onomatopaicas ou não, porém de sentido oculto. Ou nenhum sentido... Os pedidos que os macumbeiros fazem podem ser pra bem próprio ou pra bem e mal alheio. No maxixe "Não te quero mais" que citei o macumbeiro pede ao diabo pra que uã amante o deixe. E...

"Uma negra velha/ De cachimbo torto/ Que tinha na boca/ ... etc.../ Pegou três pauzinhos,/ Jogou para o alto./ Fez encruzilhada./ 'Nhonhô vai-se embora,/ Me disse em segredo,/ A mulher está amarrada'/ Feitiço não te pegar,/ Os santos vão te amarrar/ etc."

E diz na estrofe seguinte:

> "Vou pedir a Ogum/ Pra falar com Xangô/ Pra você sofrer". Xangô = deus do fogo entre os jorubas [iorubás].
> O caboclo estava em casa, porém o inimigo trouxe o eu (palavra que eles empregam) na sessão e deu uma sova nele. Depois dizia vou levar você na gruta de tal. O médium ficava bom um tempo; depois, quando o eu do caboclo voltava, se percebia que ele tinha ido na gruta. E o sujeito que estava dormindo em casa até ficou de cama com a sova que apanhou.[4]

A música de Donga, por sinal um frequentador de terreiros, e as informações de Pixinguinha deságuam no capítulo "Macumba", de *Macunaíma*, onde, além de tia Ciata, está presente o ogã Pixinguinha, "tocador de atabaque, um negrão filho de Ogum, bexiguento e fadista de profissão, se chamando Olelê Rui Barbosa". De fato, tanto Alfredo da Rocha Vianna Filho, o Pixinguinha, quanto o político brasileiro que lhe empresta o nome no capítulo possuíam crânio avantajado. Na rapsódia, assim como alertara esse "informante crente pio", os presentes aguardam para saber se um santo chegaria, "porque a macumba da tia Ciata não era que nem essas macumbas falsas não, em que sempre o pai de terreiro fingia vir Xangô Oxóssi qualquer, pra contentar os macumbeiros". No terreiro onde se encontrava Macunaíma, Ogum não aparecia havia mais de doze meses. Mas quem chega aquela noite é Exu, e "Ogã pelejava batendo tabaque pra perceber os ritmos doidos do canto novo, canto livre, de notas afobadas cheio de saltos difíceis, êxtase maluco baixinho tremendo de fúria"[5].

Após atendidos os pedidos de vários macumbeiros, quando Macunaíma pede a Exu que faça Venceslau Pietro Pietra sofrer, os versos de "Dona Clara" contagiam a escrita, e "Exu pegou três pauzinhos de erva-cidreira benta por padre apóstata, jogou pro alto, fez encruzilhada, mandando o eu de Venceslau Pietro Pietra vir dentro dele Exu pra apanhar"[6].

Em 1928, com o *Macunaíma* já em fase final de redação, Mário de Andrade noticia aos leitores do *Diário Nacional* uma iniciativa do governo italiano

4 Mário de Andrade, *Música de feitiçaria no Brasil*, organização, introdução e notas de Oneyda Alvarenga, São Paulo: Martins, 1963, pp. 162-4.

5 *Macunaíma: o herói sem nenhum caráter*, edição crítica de Telê Porto Ancona Lopez (org.), Paris/ Brasília: Association Archives de la Littérature Latino-américaine, de Caraïbes et Africaine du XXe Siècle/CNPq, 1988, pp. 59-60.

6 *Ibidem*.

que despertara a atenção do musicólogo. Em 24 de fevereiro daquele ano, na coluna Arte, ele elogia a criação de uma Discoteca Nacional na terra de Giuseppe Verdi, com a finalidade de registrar os cantos populares[7]. "O fonógrafo", texto assinado por Mário de Andrade, desperta interesse não apenas por ser até o momento o texto mais antigo do autor dedicado à gravação eletromagnética. Nesse texto se apresenta o estudioso, que na época se prepara para empreender uma viagem de investigação musical. Ciente do alcance de suas pesquisas, ele sabe reconhecer que o registro mecânico é insuficiente para colher ao mesmo tempo letra e melodia. Reconhece também que é praticamente impossível grafar as nuanças da interpretação dos cantadores. A experiência que viverá no final daquele ano e no início do seguinte confirmará as expectativas. Por isso mesmo, o entusiasmo em relação à iniciativa italiana prenuncia duas realizações futuras: em 1935, Mário de Andrade, à frente do Departamento de Cultura, criaria uma discoteca e uma coleção de registros científicos para a música brasileira. Voltarei a esse tema adiante.

Quinze dias depois, em 11 de março de 1928, o jornalista retoma o assunto "fonógrafo" na mesma coluna Arte; embora o artigo seja curto, dele extraímos duas outras informações valiosas. A primeira é que ele ainda não possuía uma "vitrolinha", pois conta ao leitor que fora convidado pela Casa Christofle para escutar discos e aparelhos. A outra é a revelação de que o professor do Conservatório Dramático e Musical de São Paulo inspira-se em obra sobre história da música de autor alemão para preparar obra similar para seus alunos. No momento, Mário concluía o *Compêndio de história da música*, mas, como será visto adiante, incluiria nas edições subsequentes do livro a recomendação para a audição de discos como forma complementar de estudos, ao final de cada capítulo.

Em "Discos e fonógrafos"[8], é possível encontrar, ainda, os ecos do início das gravações de música, quando os artistas achavam que aquela forma de representação era artificial ou temiam a concorrência das "bolachas" pretas invadindo os lares e subtraindo público das salas de concerto.

Em dezembro de 1928, com o *Macunaíma* e o *Ensaio sobre música brasileira* recém-editados, Mário de Andrade inicia a viagem de pesquisa para a qual se preparara por todo o ano. Durante os três meses de permanência em Pernambuco, Paraíba e Rio Grande do Norte, anota centenas de melodias sobre as quais se debruça até meados de 1935. Quer publicar uma obra vasta

7 Ver "O fonógrafo", no "Apêndice", pp. 236-7.

8 Ver "Apêndice", p. 238.

sobre o cantar nordestino e potiguar, mas, antes, precisa ordenar e analisar todo o material. Conceituando vocábulos musicais não consignados nos dicionários da língua portuguesa, cria então um fichário paralelo, o *Dicionário musical brasileiro*. Conta agora com um novo instrumento para ampliar sua bibliografia, o disco. Dezessete deles, lançados até 1933, serão elencados para a redação de 25 verbetes, ora aproveitando o emprego de vocábulos musicais nos versos das canções – como o uso da palavra "batucada", no samba "Mangueira", de João Martins e M. Pessoa –, ora exemplificando a evolução de gêneros musicais a partir de um dos discos de Zico Dias e Ferrinho, comentado no verbete "alto da moda".

Os demais verbetes que incorporam a consulta a discos na bibliografia são: "batuque", "buzinar", "choro", "chula raiada", "contra-solo", "corta-jaca", "criolla", "cuíca", "cururu", "fuzuê", "heterofonia", "maxixa", "maxixe", "moda", "modinha", "pio", "polca paraguaia", "recorte", "roda", "rumba-fox", "sabuna", "samba do partido alto" e "tamborim".

Os lançamentos regulares de sambas, choros, modas de viola e maxixes trazem novo alento às pesquisas do musicólogo. O fonógrafo, cada vez mais popularizado nos diversos ambientes, transformava a rotina das famílias e da cidade.

Em 1930, o escritor, embora considerando que o disco seja a "grande invenção dos nossos dias"[9], reprova o uso que se estava dando ao fonógrafo nas salas de cinema, com a substituição das músicas interpretadas ao vivo por pianistas ou orquestrinhas de plantão e o emprego abusivo do repertório do jazz[10]. Amante do gênero, ouvinte dos principais compositores e intérpretes daquele momento, desabafa: "Jazz assim é horrível". Na segunda parte da crônica, publicada no mesmo dia e jornal, promete dar sequência ao tema do cinema sonoro, mas passa a falar sobre as possibilidades de emprego do fonógrafo como objeto de obras compostas expressamente para a valorização de suas características tímbricas. Sabe que sua proposta não é original, porém o que lhe interessa é discorrer sobre o ambiente, sobre o espaço da escuta, alegando que, "desde Monteverdi pelo menos, os instrumentos principiaram adquirindo uma espécie de psicologia pessoal, psicologia que lhes determina o ambiente pra funcionar e que, por associação de imagens, provoca em nós

9 Ver "Cinema sincronizado", no "Apêndice", p. 239.

10 Em 13 de abril de 1929, estreia, em São Paulo, no Cine Paramount, *Alta traição*, "[...] o primeiro longa-metragem sonoro sincronizado a ser exibido no Brasil". Ver: Jairo Severiano e Zuza Homem de Mello, *A canção no tempo*, 5. ed., São Paulo: Editora 34, 2002, p. 51.

a revivescência desse ambiente"[11]. Eis que o estudioso e amante de música se confessa um usuário do aparelho para a fruição e a pesquisa:

> O fonógrafo é essencialmente um instrumento de lar. A função específica dele é transportar pra dentro de casa toda a representação (não reprodução) da música universal. É objeto de estudo e de prazer musical, mas, isolado, ele determina o ambiente de estudo ou de prazer pra dentro de casa: casa de estudo ou família. Quando a gente sai de casa pra se divertir, quer e carece de outros prazeres que não os familiares.[12]

A cisão de ambientes para a audição de discos ou de música ao vivo não era rigorosa, porque, no lazer com os amigos, o jornalista também escutava discos.

Em agosto de 1930, sempre no *Diário Nacional*[13], Mário tece críticas aos catálogos das gravadoras sediadas no Brasil, aconselhando os leitores a selecionarem os discos a serem comprados, assim como selecionavam os livros que incorporavam às suas bibliotecas. Aconselha de cátedra, porque um amigo "vitrolófilo" lhe possibilitava escutar muita música gravada, "até porcarias absolutas," como os sambas "Vai sair bagagem", de Marques da Gama, ou "Mulambo", de Cruz Cardoso (ver n. 32 no "Catálogo"). Como já fizera na capa do exemplar de seu disco, Mário de Andrade adverte os leitores de sua coluna no jornal, sem citar o nome do amigo Paulo Ribeiro Magalhães. Foi Paulo, certamente, quem lhe ofereceu a possibilidade rara de escutar as duas provas recusadas das gravações que resultaram em "Babaô Miloquê", de autoria de Josué de Barros, dando-lhe a chance de comparar o trabalho do músico no estúdio com o resultado comercial (ver discos 2, 24 e 25 no "Catálogo").

Na correspondência do escritor e musicólogo, fica comprovada a cumplicidade dos "audiófilos" nas cartas que ele passa a receber de Paulo Magalhães a partir de 1931. Quando morava em São Paulo ou em Piracicaba, aos dois unia-se também José Antônio Ferreira Prestes, jornalista e crítico de música que viria a falecer pouco tempo depois. O bilhete, sem data, com o lembrete amigo mostra o tom de camaradagem dos encontros:

11 Ver "Cinema sincronizado e fonografia", no "Apêndice", p. 242.

12 *Ibidem*.

13 Ver "Gravação nacional", no "Apêndice", pp. 244-6.

Mário de Andrade
O–rádio-da-casa-do-Paulo já
Está funcionando

Vá a casa do Paulo ouvir Rádio
Rádio
Rádio
Rádio
Rádio
Rádio
Rádio
O–Rádio-da-casa-do-Paulo
Na casa do Paulo tem Rádio
Rádio[14]

Em maio de 1931, Paulo Magalhães se muda para o Rio de Janeiro, a serviço da RCA, e escreve, magoado, porque Prestes não comparecera à despedida paulista na estação. Ameaça cobrar uma dívida antiga e pede a Mário de Andrade que tome de volta os discos que lhe deu[15]. No mesmo mês de maio, instalado provisoriamente num quarto de pensão, trava amizade com Manuel Bandeira, a quem logo conquistará na "audiofilia": "Hoje, o Manuel Bandeira vai me visitar, para nos conhecermos. Eu, ele, o Celso Antonio e o Dante Milano (de quem lhe falei e não sabia o nome) jantaremos juntos e vamos victrolar um pouco, no meu triste e sórdido quarto"[16].

A amizade com Manuel Bandeira chega fácil, e pouco tempo depois Paulo se muda para a casa do poeta, levando a vitrola na bagagem. Bandeira era melômano convicto, e no início o convívio dos dois correu às maravilhas:

14 Bilhete manuscrito a lápis vermelho, s/d., série Correspondência, Fundo Mário de Andrade, Instituto de Estudos Brasileiros, Universidade de São Paulo.

15 Carta datada de 11 de maio, manuscrita à tinta, série Correspondência, Fundo Mário de Andrade, Instituto de Estudos Brasileiros, Universidade de São Paulo.

16 Carta datada de 21 de maio, manuscrita à tinta, série Correspondência, Fundo Mário de Andrade, Instituto de Estudos Brasileiros, Universidade de São Paulo.

> Uma das vantagens da companhia do Paulo é que, quando eu estou estourando de aporrinhação da minha vida, dou um pulo na vitrola e ponho por exemplo a "Tocata e fuga em ré menor", encho este vale da ejaculação potente do João Sebastião Ribeiro! Puta merda, que sujeito de culhão! E a gente fica com vergonha de andar mofino por causa de titicas.[17]

O poeta fora fisgado pelo hábito de escutar música em casa e em breve confessará: "A radiovitrola é uma delícia"[18].

Quase oitenta anos após a primeira fase da gravação eletromagnética no Brasil, percebe-se, pelo repertório gravado pelas empresas entre 1927 e 1931, que para Mário de Andrade uma das marcas mais interessantes do período foi o fato de apresentar conjuntos e cantores que ainda não tinham se popularizado nos estúdios das rádios de São Paulo e Rio de Janeiro. Não havendo apelo popular por tal ou qual cantor ou gênero musical, há variedade de autores e formas populares, o que convém a um estudioso que quer conhecer de tudo. Em 1931, quando da visita do príncipe de Gales ao país, o musicólogo e jornalista pôde dividir com os ingleses interessados em nossa cultura exemplos da variedade e riqueza da música popular e de concerto. No longo artigo "A música do Brasil", aconselha, para o segundo tipo de público, as edições de partituras, mas, em relação às peças populares, seleciona audições dos catálogos da Columbia, da Odeon e da Victor, peças que já ouvira em casa. No *Anglo Brazilian Chronicle*[19] cita 21 discos lançados até 1930 como representativos de cururu, cateretê, toré, samba, jongo, macumba, batuque, modinha, moda e embolada. Destes, talvez cinco não pertencessem a ele – Columbia n. 20.016, 20.020, 7.010, 5.098 e 5.139 –, pois não constam do Arquivo do escritor no IEB, e, como foi visto, há poucas falhas na numeração dos discos do colecionador.

17 Carta datada de 6 de julho de 1931, *Correspondência Mário de Andrade e Manuel Bandeira*, organização, introdução e notas de Marcos Antonio de Moraes, São Paulo: Edusp/IEB, 2000, p. 512.

18 *Ibidem*, p. 513.

19 Também publicado em Mário de Andrade, *Música, doce música*, 2. ed. São Paulo/Brasília: Martins/INL, 1976, pp. 17-24.

## Disco e ciência

Seria possível citar outros exemplos nos quais Mário de Andrade conjuga as vidas literária e musical, como na construção do capítulo "Macumba", de *Macunaíma*, união que nasce da pesquisa em gabinete, dos livros de sua biblioteca e dos dados coletados de próprio punho. A partir de 1929, as melodias trazidas do Nordeste na bagagem fornecem elementos abundantes para o aprofundamento das análises sobre poética popular, bem como sobre a origem de nossos cantos e danças. Em 1926, estudara a influência da música portuguesa nas cantigas de roda infantis[20]; cabia agora estudar a influência africana na música popular brasileira. Reúne então material proveniente de suas leituras e análises – centenas de fichas ordenadas em envelopes – e, em 1933, ao ser convidado por Luís Heitor Correia de Azevedo para proferir uma conferência na Associação Brasileira de Música, escolhe o tema "Música de feitiçaria no Brasil"[21]. Suas reflexões foram amadurecidas não apenas nas leituras e na viagem de pesquisa, mas também na vivência de campo, porque, após seu encontro com Pixinguinha, informante que lhe fornece os dados usados em *Macunaíma*, ele terá o "corpo fechado" durante uma cerimônia de catimbó no terreiro de Maria Plastina, no Rio Grande do Norte. Aliás, as notas usadas para o capítulo "Macumba" da rapsódia foram incorporadas ao fichamento que alimenta a redação da conferência, em vez de se juntarem às demais, usadas no livro. Além disso, os discos que passou a colecionar também funcionam como "informantes" de grande valia.

Ao compor o texto da conferência "Música de feitiçaria no Brasil", proferida a 4 de outubro de 1933 na Escola Nacional de Música do Rio de Janeiro, Mário de Andrade mescla análises provenientes de suas leituras àquelas oriundas da audição de doze discos de sua coleção, procedentes de várias gravadoras, lançados no mercado até o ano de 1932, dos quais apresentará apenas dois aos ouvintes cariocas.

O programa da Associação Brasileira de Música, promotora do ciclo de palestras do qual Mário participa, anuncia que, além do texto lido pelo

20 Ver "A influência portuguesa nas rodas infantis do Brasil", em: Mário de Andrade, *Música, doce música*, *op. cit*.

21 Na edição de *Música de feitiçaria no Brasil*, preparada para as Obras Completas de Mário de Andrade, da Livraria Martins, Oneyda Alvarenga esclarece que a conferência também teria sido lida em data ignorada, no Conservatório Dramático e Musical de São Paulo. A musicóloga descreve com riqueza de detalhes os projetos do autor que teriam contemplado o estudo da música brasileira de origem africana.

autor, o público teria a oportunidade de ouvir duas músicas (cantos de macumba) gravadas em disco, "No terreiro de Alibibi" (Victor n. 33.586) e "Canto de Ogum" (Odeon n. 10.690). Na sequência, música ao vivo, na voz de Adacto Filho, acompanhado, ao piano, por Mário Azevedo. No repertório, com peças de Villa-Lobos, Lorenzo Fernández, Luciano Gallet e Camargo Guarnieri, duas obras compostas expressamente para a conferência, uma de Guarnieri e outra de Frutuoso Viana[22].

Das obras musicais gravadas, tanto a peça de Gastão Viana quanto o disco da Odeon fazem parte da discoteca do estudioso. A audição do ponto de Ogum, da face A, resulta na análise que apresenta em certo trecho da conferência, análise que aponta para Macunaíma, dessa vez para o personagem, o herói sem nenhum caráter. Na capa do disco de 1930, na interpretação de Elói Antero Dias e Getúlio Marinho com o Conjunto Africano, o ouvinte meticuloso já registrara o impacto que a audição lhe causa: "Disco ótimo. De originalidade formidável. Parece cientificamente perfeito".

A audição, somada às centenas de notas que alimentava para aprofundar o conhecimento sobre os cânticos de macumba, sugere a Mário de Andrade a existência de duas características principais determinando a força hipnótica da música. Uma delas, a construção de melodia e ritmo em função da tonalidade da peça, ambas aliadas à repetição da cantoria, causando o efeito de "embebedamento" pela música. A outra característica advém de um alargamento do conceito de variação, estendido às nuanças da interpretação, como as praticadas pelos cantadores e, nesse ponto, ele explica para a audiência:

> [...] Em nosso povo, o processo da variação consiste, na repetição da melodia, em mudar-lhe dois ou três sons, ou, por causa das acentuações das palavras dos textos, em deslocar algum acento. [...] Na realidade, a impressão que se tem é que existe um tema, exclusivamente virtual, que é impossível por isso determinar

22 De Villa-Lobos, "Canidê iune" (feitiçaria ameríndia) e "Estrela é lua nova" (canto direto de macumba, Rio de Janeiro); Camargo Guarnieri, "Sai aruê" (canto inspirado na feitiçaria afro-brasileira, texto de Mário de Andrade); Lorenzo Fernández, "Macumba" (canto inspirado na feitiçaria carioca, texto de Murilo Araújo); Luciano Gallet, "Xangô" (canto direto de macumba, Rio de Janeiro). As obras anunciadas como "peças inéditas, especialmente escritas para esta conferência", são de Camargo Guarnieri, "Mofi-la-dofê" (canto direto de candomblé, Bahia), e de Frutuoso Viana, "Rainha encantada" (canto direto de catimbó, Pernambuco) (série Documentação Pessoal, Fundo Mário de Andrade, Instituto de Estudos Brasileiros, Universidade de São Paulo).

> com exatidão, sobre o qual os cantadores variam sempre em quartos de tons, desafinações voluntárias, nasalações sonoramente indiscerníveis, arrastados e portamentos de voz. Tudo isso pela sua própria pobreza deixa cantador e ouvinte numa indecisão pasmosa, completamente desnorteado e tonto: porque esse é realmente o processo de tornar mais forte, mais eficaz, o poder hipnótico da música. Ora eu insisto sobre essa qualidade hipnótica procurada pela nossa música popular. Nossa gente, em numerosos gêneros e formas de sua música principalmente rural, cocos, sambas, modas, cururus etc., busca a embriaguez sonora. A música é utilizada numerosas vezes pelo nosso povo, não apenas na feitiçaria mas nas suas cantigas profanas, especialmente coreográficas, como um legítimo estupefaciente. Da mesma forma que o Huitota ou o neto do Inca decaído traz sempre na boca as folhas da coca, o homem brasileiro traz na boca a melodia dançada que lhe entorpece e insensibiliza todo o ser. Ela não é apenas uma evasão sexual do indivíduo ou uma expressão dos interesses sociais do grupo. É um estupefaciente, um elemento de insensibilização e bebedice que provoca, além da fadiga, uma consunção temporânea, e talvez da vida inteira, ai que preguiça!...[23]

A preguiça de Macunaíma é também expressão da "embriaguez sonora" que impregnava as músicas que o povo cantava, as músicas que usava para se divertir, em rodas de dança, ou para pedir a proteção dos santos.[24]

Até 1933, a discoteca de Mário de Andrade cresce rapidamente, tanto na seção dos discos populares quanto na dos clássicos. No caso dos primeiros, se considerarmos aqueles voltados para a música brasileira, a expressão

23 Mário de Andrade, *Música de feitiçaria no Brasil*, *op. cit.*, pp. 44-5.

24 Ao analisar o coco "Sabiá da mata", colhido na Paraíba, em 1929, Mário de Andrade observa sobre a interpretação de seu informante grafando, musicalmente, a palavra "dia" – uma terça maior descendente, mi-dó – com uma fermata invertida acima do compasso: "A palavra 'dia' tem a primeira sílaba perfeitamente musical. Mas o som desce em portamento lento e termina nas proximidades dum possível Dó, falado com voz pachorrenta, bem preguiçosa. Na fermata final do solo, Adilão fazia uma ondulação (não trêmulo) com a voz, fazendo movimentos de abrir e fechar a boca, e também laterais. Som nasal. A ondulação prolonga enquanto o coro entra no 'Êh sabiá!'. A linha do refrão cantada sempre o mais elástica possível, sem nenhuma rigidez métrica nem de movimento, com muito caráter de cisma largada". Ver: Mário de Andrade, *Os cocos*, preparação, introdução e notas de Oneyda Alvarenga, São Paulo/Brasília: Duas Cidades/INL, 1984, p. 237.

numérica afirma o enunciado: dos 161 discos deste "Catálogo", 102 foram lançados até o final de 1932. A possibilidade de analisar os bons exemplares gravados no exterior e distribuídos pelas gravadoras fará com que o mestre do Conservatório Dramático e Musical de São Paulo recomende a audição de alguns deles aos leitores da edição de 1933 do *Compêndio de história da música*. Na edição seguinte, de 1936, ou na *Pequena história da música*, de 1942, a seleção não se ampliará, e na edição de 1944 ela será abolida da bibliografia. Nas abreviaturas usadas no livro há nomes de empresas como a Polydor ("P"), Pathé ("Pat."), ou OKEH ("Marca ianque").

Apesar de sua discoteca crescer em ritmo mais lento, o musicólogo continua a selecionar os bons exemplos de música mecânica. Quando Mário de Andrade abria um tema de pesquisa em sua vida, alimentava-o, constantemente, com novas descobertas. Era um pesquisador em tempo integral. Em janeiro de 1936, agora como diretor do Departamento de Cultura, ele escreve o ensaio "A música e a canção populares no Brasil" para o Institut de Coopération Intelectuelle, de Genebra. Da mesma forma que procedera no caso do artigo escrito para os leitores do *Anglo Brazilian Chronicle*, ele indica audições de nossa música urbana e folclórica. Dos 126 discos que possuía, lançados até o final de 1935 – nos últimos três anos somara, portanto, 24 discos à coleção –, só utilizará 31 deles em suas análises[25].

Cronologicamente, o último trabalho de fôlego do musicólogo que nos cabe enfocar é a comunicação "A pronúncia cantada e o problema do nasal brasileiro através dos discos", apresentada no Congresso da Língua Nacional Cantada (1937). Como o nome sugere, a análise de Mário de Andrade está alicerçada exclusivamente na audição de discos, 43 daqueles aqui numerados até 137. Na comunicação, são contempladas obras lançadas até 1936.

## Sambas lancinantes

À frente do Departamento de Cultura e acumulando o cargo de chefe da Divisão de Expansão Cultural, à qual está ligada, entre outros setores, a Discoteca, Mário levará às últimas consequências a valorização do disco como um instrumento de trabalho, um auxiliar na pesquisa, portanto. Relê catálogos de gravadoras de sua biblioteca, consultando os lançamentos da Arte-Fone, da Parlophon, da Odeon, da Victor e da Columbia. As marcas deixadas

25 Este ensaio teve várias publicações. Para o "Catálogo" deste livro, pautamo-nos naquela incorporada à edição do *Ensaio sobre a música brasileira* (3. ed. São Paulo/Brasília: Martins/INL, 1972).

nesses catálogos – notas como "já lido pra Discoteca", "nada", ou sinais como cruzes à margem, a lápis vermelho – contemplam ora os discos de compositores da música universal, ora os populares. Ele quer ajudar Oneyda Alvarenga a selecionar os discos a ser adquiridos para o acervo. No entanto, o projeto mais ambicioso, aquele que situa Mário de Andrade como figura de proa na etnomusicologia brasileira, é a criação da primeira coleção científica de registros sonoros do Brasil, discos registrados com o selo da Discoteca Pública.

No final de 1935, a Discoteca compra um equipamento para a gravação em campo e de imediato passa a utilizá-lo, experimentando as possibilidades de uso do gravador Presto Recorder. As experiências motivam o planejamento de tarefa ampla para o mapeamento musical do país em duas instâncias: uma nacional e outra, paulista. A primeira, de âmbito nacional, Mário de Andrade formaliza em 1936 ao ser convidado por Gustavo Capanema e Rodrigo Melo Franco de Andrade para redigir o anteprojeto do Serviço do Patrimônio Histórico e Artístico Nacional. Imaginando que tal tarefa deveria caber a um órgão ministerial, ele talvez se espelhasse no exemplo italiano de criação de uma Discoteca do Governo, como noticiara aos leitores de sua coluna no *Diário Nacional*, em 1928. No anteprojeto encaminhado, ele vai além: propõe que as músicas que nosso povo cantava e dançava fossem elevadas à categoria de um bem da cultura imaterial, uma vez que seriam gravadas, filmadas e inclusive catalogadas em livros de tombo. Assim, prevê a compra de equipamentos para as diversas seções e funções, ponderando em relação às filmotecas e discotecas:

> [...] A parte que inicialmente tem de ser adquirida, e é de necessidade imediata, é o aparelhamento de filmes sonoros, fonografia e fotografia. Mesmo o aparelhamento fotográfico pode ser deixado para mais tarde, embora isto não seja aconselhável. A fonografia como a filmagem sonora fazem parte absoluta do tombamento, pois que são elementos recolhedores. Da mesma forma com que a inscrição num dos livros de tombamento de tal escultura, de tal quadro histórico, dum Debret como dum sambaqui, impede a destruição ou dispersão deles, a fonografia gravando uma canção popular cientificamente ou o filme sonoro gravando tal versão baiana do bumba meu boi impedem a perda destas criações, que o progresso, o rádio, o cinema estão matando com violenta rapidez.[26]

26 Mário de Andrade, *Cartas de trabalho*, Brasília: MEC, 1981, p. 53.

O anteprojeto não logra aprovação, e Mário de Andrade transfere para a Discoteca a incumbência do mapeamento musical do Brasil: Norte e Nordeste inauguram a empreitada com a Missão de Pesquisas Folclóricas. A iniciativa pioneira se dá no primeiro semestre de 1938, quando Luís Saia, Martin Braunwieser, Antônio Ladeira e Benedito Pacheco trouxeram, no regresso para São Paulo, aproximadamente 34 horas de música gravadas em quatro estados do país. Três dos cultos ali representados, Xangô, tambor de mina e tambor de crioula, foram, provavelmente, os últimos discos que Mário de Andrade escutou antes de morrer, em fevereiro de 1945. Mas o disco, então, já não participava da rotina do musicólogo com a mesma intensidade ou proporcionando a mesma alegria captada nas memórias de Fernando Rocha e José Bento Faria Ferraz.

Com a saída do Departamento de Cultura e a mudança para o Rio de Janeiro, o poeta poderia até ter retomado o ritmo de análises sobre as audições de seus discos. Mas não é o que acontece, embora no Distrito Federal ele esteja próximo a um grupo de jovens que acompanhava o movimento da música popular e encontre vários sambistas no bar da Glória. Em 1939, como repórter do jornal *O Estado de S. Paulo*, ele é um dos 300 mil espectadores que se amontoam na Feira de Amostras para acompanhar as marchinhas e os sambas vencedores do concurso que elegeu, por voto popular, as melhores músicas do ano. Ele conta aos leitores sobre a paixão do público; a manipulação comercial favorecendo interesses extramusicais; as opiniões nem sempre concordantes dos especialistas; o encontro com Patrício Teixeira no bar da Glória; a diferença entre os compositores daquele momento e os de tempos atrás – os que estão representados em sua discoteca? –; a influência da música estrangeira. A maior mudança ocorrida, porém, foi com o próprio Mário. Para ele, agora, o samba é muito triste:

> O samba é trágico, e principalmente lancinante. Se já a percussão muito áspera, glosada pelo ronco soturno da cuíca, não tem disfarce que a alivie da sua violência feridora, não é dela que deriva a especial tristeza do samba, mas da sua melodia. Principalmente na sua manifestação mais atual, com as suas largas linhas altas, seus sons prolongados, o samba é de uma intensidade dramática, muitas vezes esplêndida. Este ano, bastante fecundo em sambas bons, apresenta alguns documentos notáveis desse caráter de nossa música carnavalesca, de origem proximamente negra. O samba creio que chamado "Sofri" e o "Sei que é covardia" são bem

> característicos desse valor dramático, essencialmente musical, e que não deriva do texto, nem por ele se condiciona.[27]

A música popular registrada em discos já não pertencia mais ao foco das atenções do estudioso. No mesmo ano, pretendendo vir a São Paulo para passar o aniversário entre os amigos e os parentes, conta a Oneyda Alvarenga:

> Irei também fazer uma conferência, dia 7 [de outubro] às oito da noite nas Irmãs Marcelinas, pra ganhar 500 mil réis e pagar a viagem. Vai ser com discos que levarei daqui, sobre Música Brasileira Contemporânea, puro pretexto pra mostrar os discos. Talvez execute também algum coral do Departamento, falaremos quando eu chegar aí.[28]

Os dois amigos compartilhavam planos e ideias desde que Mário se mudara para o Rio de Janeiro. A distância, ele ainda acompanhava o desenrolar de processos da Prefeitura iniciados durante sua gestão ou aconselhava sobre como lidar com assuntos novos. Auxiliava a resolver, por exemplo, o intercâmbio entre a Discoteca e a Biblioteca do Congresso, de Washington, ou a solicitação de cópias feita por Lorenzo Turner. Ajudou a concluir a tramitação iniciada com o Museum Fur Völkerkunde, de Berlim, ao qual solicitara cópias de fonogramas indígenas; opinava sobre a compra de discos e partituras ou a reprodução de discos para a Escola Nacional de Música. Com a experiência adquirida acompanhando a montagem da Discoteca, Mário de Andrade pôde inclusive ajudar no Rio de Janeiro: pede material e informações para fornecer a Andrade Muricy, da Universidade do Distrito Federal, e a um funcionário, não nomeado, do Museu Nacional. No entanto, não "victrola" mais e, quando Oneyda pede conselho sobre repertório para uma

27 Mário de Andrade, "Música popular", em: *Música, doce música*, *op. cit.*, pp. 281-2. Artigo datado de 15 de janeiro de 1939. "Sofri", lado B do disco Victor n. 34.407, é um samba de Alcebíades Barcelos e Armando Marçal gravado pelo Choro RCA Victor. Na outra face, o mesmo grupo toca a marcha "Seu pai hoje bebeu", de A. Barcelos e Darci de Oliveira. Ambos foram gravados em 14 de dezembro de 1938. "Sei que é covardia", Victor n. 34.401, é um samba de Ataulfo Alves e Claudionor Cruz. Carlos Galhardo interpreta essa peça e a da outra face, "Nosso amor não convém", samba de Peterpan (José Fernandes de Paula) e Príncipe Pretinho. As gravações foram realizadas em 5 e 16 de dezembro de 1938, respectivamente.

28 Oneyda Alvarenga e Mário de Andrade, *Mário de Andrade e Oneyda Alvarenga: cartas*, *op. cit.*, p. 197. Em nota, a musicóloga informa que a Discoteca possui discos gravados de música brasileira e nada acrescenta, porém, a respeito da conferência.

obra que planeja fazer em parceria com Clorinda Rosato, Mário responde: "Nem sei os discos que tenho aqui! Minha vida se passa tão desgostosa que quando trouxe os discos ainda ouvi alguns, depois nunca mais ouvi nada"[29].

Uma vez transcritas as melodias, Oneyda pede a Mário que as confronte com os discos. Ele acabara de se mudar para a ladeira Santa Teresa e responde: "Não lhe escrevo. Isto é só um aviso que recebi sua carta e músicas. Infelizmente não posso controlar estas, pois mandei minha vitrola pra São Paulo e não tenho vários discos aqui"[30].

Enquanto a depressão do amigo se intensifica, a chefe da Discoteca o mantém informado sobre o desenrolar de vários assuntos iniciados nas cartas anteriores. Envia um catálogo remetido por Harold Spivacke, da Biblioteca do Congresso de Washington, solicitando que Mário de Andrade opine sobre quais discos pedir na permuta de gravações, ao que ele responde: "Por favor, trabalhe sozinha mais uns tempos, a Discoteca não me interessa, nem a escolha dos discos, nem os discos de alumínio, nem a vitória da Inglaterra"[31].

Não suporta mais a distância e em poucas semanas volta a São Paulo. Retoma o rumo de seus trabalhos e, no entanto, não incorpora discos à sua coleção com a mesma intensidade empreendida no início da década de 1930. Acompanha, provavelmente, o que vai sendo registrado pelas gravadoras, adquire os lançamentos de Dorival Caymmi – nada anota nas capas, porém. As capas em branco, no entanto, não são relevantes se considerarmos que os exemplares de *Praça Onze* e *Ai que saudades da Amélia* recebem apenas as indicações de praxe, ou seja, o número atribuído pelo colecionador ao novo exemplar, as iniciais da gravadora e o número do disco. Mas a audição das duas peças motiva as mais belas análises do musicólogo, dessa vez em outro suporte, a carta.

Pouco depois da gravação Columbia da música de Herivelto Martins e Grande Otelo nas vozes do Trio de Ouro e Castro Barbosa, com o conjunto de Benedito Lacerda, Mário de Andrade confessa a Moacir Werneck de Castro:

> [...] Gostei, sim, muitíssimo do "Amélia", é das coisas mais cariocas que se pode imaginar. Mas o "Vão acabar com a Praça Onze" me estrangula de comoção, palavra. Você já viu coisa mais lancinante? Aquele grito "Guardai o vosso pandeiro, guardai!" é das

29 *Ibidem*, p. 226.

30 Carta de 3 de julho de 1940, *ibidem*, p. 234.

31 Carta de 26 de dezembro de 1940, *ibidem*, p. 304.

> frases mais musicalmente comoventes, um grito manso, abafado, uma queixa de povo suave, que se deixa dominar fácil, sem muita consciência, mas sofre e se queixa. Palavra que acho aquilo horrível, de não poder aguentar. Tomei como um ataque sentimental danado. Xinguei a estupidez do "progresso" dos estúpidos, está claro, fiz discurso num ambiente bom com vários uísques e de vez em quando continuava cantando o sermão, "Guardai o vosso pandeiro, guardai!", com lágrimas nos olhos.[32]

Poucos meses depois, em outubro, inicia a redação de sua tragédia coral, o libreto da ópera *Café*, texto enviado, em dezembro, a Francisco Mignone para a composição da música. E ainda uma vez, na criação, Mário recorre à sua discoteca, buscando um sucesso lançado em 1932, a embolada "Andorinha preta", cantada por Breno Ferreira, o Trio LND e um conjunto regional. A estrutura poética da embolada é seiva que alimenta a "Embolada da ferrugem", segundo número do segundo ato da ópera[33].

Em 1943, Mário não incorpora nenhum disco à coleção; no ano seguinte, apenas um, e aqueles lançados em 1945, aqui numerados de 156 a 161, talvez nem tenha tido tempo de apreciar. Faleceu em fevereiro.

32 Ver "Trecho de carta de Mário de Andrade a Moacir Werneck de Castro", no "Apêndice", pp. 262-3.

33 Flávia Camargo Toni, "Mário de Andrade e a pesquisa da música do Brasil", em: *Anais do IX Encontro Anual da Associação Nacional de Pesquisa e Pós-Graduação em Música*, Rio de Janeiro: ANPPOM, 1996, pp. 170-9.

al ... m ... mi das ... iona

is o? ... na ... "9 ... be

e " ... tia ... facer ... mente m

a, com ... ber ... preg ... na melodi

rdentina e ... u ... vuevo trecho

ba / "Te ... o ca io de Mestre Sa

cal ... i aidenti

Orthophonic ... ecu

... tra ... face ...

# CATÁLOGO

# 1

**◆ LADO A**
MORAES, Raul. "Na praia": Canção. Turunas da Mauricéa e Augusto Calheiros.
Número da Matriz: 1330

**◆ LADO B**
CALHEIROS, Augusto e MIRANDA, Luperce. "Samba do Caná": Samba. Turunas da Mauricéa e Augusto Calheiros.
Número da Matriz: 1334

**DISCO ODEON Nº 10.073**
Lançamento: novembro de 1927

**NOTAS DE MÁRIO DE ANDRADE**
Na capa:
"291 = O. B. 10073"
"Recolhi a melodia do Samba, no Nordeste, como Coco."[1]

**REFERÊNCIAS NA LITERATURA MUSICAL DE MÁRIO DE ANDRADE**
"O *ân* bastante claro e nordestino ainda se manifesta em outros cantores, como na 'Cambinda velha' (Columbia, 22187-B), aliás todo ele bem exemplar do nasal brasileiro, até na voz de mulher. Também a sra. Stefana de Macedo (conf. 'Dois de ôro', Columbia, 22.208-B) apresenta um *ân* regularmente claro, ao mesmo tempo que é modelar como timbre nordestino rural. No curioso 'Samba do Caná' (Odeon, 10.073-B), especialmente na outra face, em que se gravou 'Na praia', surge, fazendo solos para os Turunas da Mauricéa, o cantor Augusto Calheiros. Embora não possamos atinar com a nacionalidade desse solista, a sua dicção e certas maneiras de entoar nos recordam invencivelmente Portugal ou filiação portuguesa, com a curiosa voz assimilável à de certos cantores portugueses do fado."[2]
Sobre o lado A, ver *Os cocos*, pp. 75 e 307.
Ver também o n. 111 neste catálogo.

1 Mário de Andrade refere-se ao coco n. 21, "Limoeiro, Dindinha", colhido no Rio Grande do Norte. Ver: Mário de Andrade, *Os cocos*, *op. cit.*, p. 75.

2 Mário de Andrade, "A pronúncia cantada e o problema do nasal brasileiro através dos discos", em: Mário de Andrade, *Aspectos da música brasileira*, 2. ed., São Paulo/Brasília: Martins/INL, 1975, p. 137.

# 2

◆ LADO A
NAZARETH, Ernesto. "Quebra--cabeças": Tango brasileiro. Orquestra Pan American do Cassino Copacabana.
Número da Matriz: 1369

◆ LADO B
MACHADO, Jota. "Cangote raspado": Maxixe. Francisco Alves e Orquestra Pan American do Cassino Copacabana.
Número da Matriz: 1367

**DISCO ODEON Nº 10.088**
Lançamento: novembro de 1927

**NOTAS DE MÁRIO DE ANDRADE**
Na capa:
"287 = O. 10088"
"O maxixe de Nazareth é uma perfeição. Admiravelmente bem compreendido como caráter instrumental de criação melódica. E bem típico do maxixe 'tango' de Nazareth. A outra face é roubada duma toada rural qualquer que não me lembro nem título nem versos agora."

**REFERÊNCIAS NA LITERATURA MUSICAL DE MÁRIO DE ANDRADE**
Sobre Nazareth: "No entanto, se é certo que a obra de Ernesto Nazaré tem uma boniteza, uma dinâmica fora do comum, e ele apareceu e se desenvolveu no momento oportuno, não compreendo bem como é que se tornou popularmente célebre. Se foi oportuno não tem nada de oportunista nele, e é sabido que nem mesmo a genialidade basta para um indivíduo se popularizar. Ora, a primeira observação que se impõe a quem estuda a obra dançante dele é que de todas as músicas feitas pras necessidades coreográficas do povo, ela é a menos tendenciosamente popular"[3].
"A prova mais objetiva disso está no decidido caráter instrumental de Ernesto Nazaré"[4].
Ver também n. 15 neste catálogo.

3 Mário de Andrade, "Ernesto Nazaré", conferência na Sociedade de Cultura Artística de São Paulo, em: *Música, doce música, op. cit.*, pp. 121-30.

4 *Ibidem*, pp. 319-23.

# 3

**NOTAS DE MÁRIO DE ANDRADE**
Na capa:
"29 = V. 33020"
"Maxixe inadaptável... de Portugal."

◆ **LADO A**
DE CARVALHO [, Joubert] e DA COSTA (arr.). "Jaquetão": Maxixe. Foz Melody Band: *Refrain vocal* por Geraldo Dance Orchestra with vocal refrain.

◆ **LADO B**
DA COSTA. "Queremos casar": Foxtrote. Foz Melody Band: *Refrain vocal* por Roman Navarro.

**DISCO VICTOR Nº 33.020**[5]

5 Embora não gravado no Brasil, o disco foi mantido neste livro devido à nota de Mário de Andrade na capa.

# 4

◆ **LADO A**
CEARENSE, Catulo da Paixão e MEDEIROS, Anacleto de. "Meu amor (Por um beijo)": Modinha. Abigail Alessio Parecis (soprano com violão).
Número da Matriz: 380022

◆ **LADO B**
CEARENSE, Catulo da Paixão e CALADO, Antônio da Silva. "Flor amorosa": Modinha. Abigail Alessio Parecis (soprano com violão).[6]
Número da Matriz: 380023

**DISCO COLUMBIA Nº 5.003**
Lançamento: fevereiro de 1929

**NOTAS DE MÁRIO DE ANDRADE**
Na capa:
"290 = C. B. 380022"
"São modinhas muito típicas de Catulo Cearense. O que valem musicalmente, pouco mais que nada. É aquela fase desgraçada em que o gênero não era mais que indecisão, nem mais modinha de salão nem ainda a modinha popular bem fixa nos seus caracteres psicomusicais. Cheira desastrosamente a cançoneta."

**REFERÊNCIAS NA LITERATURA MUSICAL DE MÁRIO DE ANDRADE**
Sobre Abigail Alessio, ver as referências de Mário de Andrade ao disco n. 50 neste catálogo.

6 Cf. Alcino Santos *et al.*, *Discografia brasileira – 78 rpm: 1902-1964*, v. 2, *op. cit.*, pp. 275 e 293; nessa, que é a primeira gravação da Columbia no Brasil, não foi consignado, no selo, o parceiro de Catulo da Paixão Cearense em "Flor amorosa".

# 5

◆ **LADO A**
PIRES, Cornélio. "Anedotas cariocas". Cornélio Pires.
Número da Matriz: 380055

◆ **LADO B**
"Danças regionais paulistas: Cana-verde, cururu". Turma Caipira Cornélio Pires.
Número da Matriz: 380140-2

**DISCO COLUMBIA Nº 20.005**
Lançamento: maio de 1929
Lado A, série Folclórica; lado B, série Humorística.

**NOTAS DE MÁRIO DE ANDRADE**
Na capa:
"51 = C. B. 20005"
"Este Cururu como texto é a mesma 'Moda do Pião' que tenho em disco C. B. 20007 – B."[7]

**REFERÊNCIAS NA LITERATURA MUSICAL DE MÁRIO DE ANDRADE**
Sobre o lado B, ver *Dicionário*, verbete "cururu".
"Boi
Costumes
As touradas em S. Paulo de que foi um eco mais ou menos característico no disco Columbia 20005-B, gravado por Cornélio Pires."[8]
"Boi
Ainda se refere a boi a tradicional 'Moda do pião' caipira, registrada em disco Columbia 20007-B."[9]

7 O Disco Columbia 20.007, matriz n. 380.258-2, lançado em outubro de 1929, não chegou ao Instituto de Estudos Brasileiros da Universidade de São Paulo.

8 *Melodias do boi*, envelope Costumes, fl. de caderneta de bolso, 10,6 x 6,7 cm, lápis preto.

9 *Melodias do boi*, envelope Quadras, fl. de caderneta de bolso, 10,6 x 6,7 cm, lápis preto.

# 6

◆ LADO A
PRAZERES, Heitor dos. "Vai mesmo": Samba. Mário Reis com Orquestra Pan American. Número da Matriz: 2517

◆ LADO B
SILVA, J. B. da (Sinhô). "Carga de burro": Samba. Mário Reis com Orquestra Pan American. Número da Matriz: 2518

**DISCO ODEON Nº 10.387**[10]
Lançamento: maio de 1929

**NOTAS DE MÁRIO DE ANDRADE**
Na capa:
"289 = O. B. 10387"
"O samba de Sinhô foi célebre um tempo. Aqui, está realizado num ambiente orquestral muito influenciado de rumba."

**REFERÊNCIAS NA LITERATURA MUSICAL DE MÁRIO DE ANDRADE**
Sobre Sinhô: "Sinhô é poeta e músico. Do Brasil? Me dá uma angústia atualmente imaginar em Brasil... É uma entidade creio que simbólica este país. Realidade, não me parece que seja não e, quanto mais estudo e viajo as manifestações concretas do mito, mais me desnorteio e, entristecer, não posso garantir que me entristeço: me assombro. Na verdade, na verdade este nosso país inda pode dar esperança de si... Mas é simplesmente porque arromba toda concepção que a gente faça dele.
Porém, Sinhô, se não é brasileiro, é carioca. Pouco me incomodo de saber onde nasceu. Sinhô é carioca na música e na poesia dele.
Possui nos textos incomensuráveis que inventa aquela safadice pura com que o carioca fala em 'catedrais do amor'. Agora já estou querendo me afastar do assunto mais uma vez porque minha experiência está gritando aqui dentro:
O carioca não existe ou é o Brasil!
Essas maneiras sintéticas da experiência gritar são as mais das vezes falsificadoras. De fato, o carioca existe como entidade psicológica, muito embora, de fato, sejam no geral muito menos cariocas os

10 Em seu *Fichário analítico*, Mário de Andrade consignou em "Sinhô/Brasília III" o opúsculo promocional da gravadora Odeon [*J. B. da Silva (Sinhô): o consagrado rei da canção popular brasileira*, Rio de Janeiro: Tipografia da Papelaria Rio Branco, s/d.], com letras de alguns sambas. "Carga de burro" aí está como "Carga do burro" e classificação de "samba-cômico".

seres nascidos no Distrito Federal, que os brasileiros e estrangeiros atraídos pelo Rio de Janeiro. São estes os que deixaram a consciência e o caráter e tudo na ilha de Marapatá, os que fazem a entidade psicológica bem merecedora do qualificativo 'carioca'"[11].

11 Mário de Andrade, "Sinhô", em: *Taxi e crônicas no Diário Nacional*, *op. cit.*, p. 103.

# 7

◆ **LADO A**
CALAZANS, José Luís Rodrigues. "Gato cabeçudo": Embolada. Calazans (Jararaca) com o seu grupo.
Número da Matriz: 2593

◆ **LADO B**
CALAZANS, José Luís Rodrigues. "Vamos apanhar limão": Toada nortista. Calazans com coro e seu grupo.
Número da Matriz: 2592

**DISCO ODEON Nº 10.398**
Lançamento: junho de 1929

**NOTAS DE MÁRIO DE ANDRADE**
Na capa:
"23 = O. B. 10398"
"Como embolada urbana, o 'Gato Cabeçudo' é uma perfeição."

**REFERÊNCIAS NA LITERATURA MUSICAL DE MÁRIO DE ANDRADE**
Sobre o lado B: "O prof. Said Ali diz, um pouco apressadamente ao nosso ver, que no 'idioma brasileiro ocorre somente a série das mais fechadas'[12]. Ora, basta ouvir o típico nasal do 'limão' entoado pelo cantor Calazans em 'Vamos apanhar limão' (Odeon, 10398) para se verificar a ocorrência do nasal aberto entre nós. [...]"[13].
Ver também: n. 23 neste catálogo; *Compêndio*, p. 185; "A música no Brasil", p. 18; e "Carnaval tá aí", no "Apêndice", pp. 250-2.

12 Manoel Said Ali, *Gramática secundária da língua portuguesa*, São Paulo: Melhoramentos, s/d., p. 10.

13 Mário de Andrade, "A pronúncia cantada", *op. cit.*, p. 134.

# 8

◆ **LADO A**
MACEDO, Stefana de (arr.). "Bambalelê": Samba-choro. Stefana de Macedo e violões. Número da Matriz: 380227-2

◆ **LADO B**
MACEDO, Stefana de (arr.). "A mulher e o trem": Corta-jaca. Stefana de Macedo e violões. Número da Matriz: 380229-2

**DISCO COLUMBIA Nº 5.067**
Lançamento: setembro de 1929

**NOTAS DE MÁRIO DE ANDRADE**
Na capa:
"22 = C. B. 5067"

**REFERÊNCIAS NA LITERATURA MUSICAL DE MÁRIO DE ANDRADE**
"Um caso curioso, por exemplo, é a sra. Stefana de Macedo. Quando esta cantora canta peças regionais nordestinas de estilo exclusivamente popular, 'rural' por assim melhor caracterizar o que dizemos (v. 'Batuque' e 'Bambalelê', Columbia, 5093-B e 5067-B), a sua voz é admiravelmente verdadeira como carácter e dicção. Já, porém, quando a cantora em modinhas urbanas, como na menos agradável 'História triste de uma praieira' (Columbia 5093-B), canta em dicção menos ruralizada, se aproximando do falar culto, a sua dicção é lastimável. Perde-se grande parte da timbração característica e ouvem-se defeitos graves de pronúncia, tais como 'mêntiu-me', 'ô sino', 'sêntia', 'escurecia', 'fêliz', 'pôr' (preposição), 'quê ia'."[14]
Sobre o lado B, ver *Dicionário*, verbete "corta-jaca". Ver também n. 9 e 92 neste catálogo.

14 *Ibidem*, p. 129.

# 9

◆ **LADO A**
MACEDO, Stefana de e TAVARES, Adelmar. "História triste de uma praieira": Canção. Stefana de Macedo acompanhada de violões.[15]
Número da Matriz: 380236-2

◆ **LADO B**
MACEDO, Stefana de (arr.). "Batuque": Dança Quilombo dos Palmares. Stefana de Macedo acompanhada de violões.
Número da Matriz: 380228-2

**DISCO COLUMBIA Nº 5.093**
Lançamento: outubro de 1929

**NOTAS DE MÁRIO DE ANDRADE**
Na capa:
"227 = C. B. 5093"[16]

**REFERÊNCIAS NA LITERATURA MUSICAL DE MÁRIO DE ANDRADE**
Ver *Compêndio*, p. 184.

15 Cf. Alcino Santos *et al.*, *Discografia brasileira – 78 rpm: 1902-1964*, *op. cit.*, pp. 281 e 294; os versos são de Adelmar Tavares.

16 Na capa da duplicata, Mário de Andrade anotou à tinta: "10 = C. B. 5093". Vale dizer: o dublê de colecionador e estudioso incorporou o mesmo disco em duas oportunidades cronologicamente distantes uma da outra.

# 10

◆ **LADO A**
PIRES, Cornélio. "Jorginho do sertão": Moda de viola. [Mariano e Caçula]
Número da Matriz: 380259-1

◆ **LADO B**
"Como cantam algumas aves": Imitação de aves. [Arlindo Santana]
Número da Matriz: 380256-1

**DISCO COLUMBIA Nº 20.006 – B**
Lançamento: outubro de 1929

**NOTAS DE MÁRIO DE ANDRADE**
Na capa:
"50 = C. B. 20006"

**REFERÊNCIAS NA LITERATURA MUSICAL DE MÁRIO DE ANDRADE**
Sobre o lado A: "No exemplo interessantíssimo do 'Jorginho do sertão' (disco Columbia 20006 – A), o Alto da Moda em seis versos, de 3 frases musicais (A + A + B) é curiosamente repetido depois da série de quadras, pra acabar, mas só em quadra (A + A) sem repetição do elemento B. E a peça termina com uma última e única repetição da estrofe melódica que faz o corpo da Moda"[17].
Sobre o lado B, ver "A música no Brasil", p. 23.

17 Mário de Andrade, *Dicionário musical brasileiro*, coordenação de Oneyda Alvarenga (1982/1984) e Flávia Camargo Toni (1984/1989), São Paulo: IEB/Edusp, Brasília: MinC, Belo Horizonte: Itatiaia, 1989, p. 343.

# 11

◆ **LADO A**
CALAZANS, J. Luís Rodrigues.
"Vapô do Jequiá": Embolada.
Calazans (Jararaca) com o seu grupo.
Número da Matriz: 2737

◆ **LADO B**
CALAZANS, J. Luís Rodrigues.
"Ôi Dadá": Coco nortista.
Calazans (Jararaca) com o seu grupo.
Número da Matriz: 2738

**DISCO ODEON Nº 10.473**
Lançamento: outubro de 1929

**NOTAS DE MÁRIO DE ANDRADE**
Na capa:
"24 = O. B. 10473"
"'Oi dadá' melhor. Já anotado."

**REFERÊNCIAS NA LITERATURA MUSICAL DE MÁRIO DE ANDRADE**
"Com o cantor Calazans, embora não lhe conheçamos a região de origem, estamos em pleno domínio da timbração nordestina. Outro disco do mesmo cantor, o 'Oi-dá-dá' (Odeon, 10473) e sua outra face, nos confirma em sua nordestinidade de entoação, assim como o 'Dá-lhe toré' (Columbia, 22185-B), em que Calazans (Jararaca) dialogando com Ratinho nos apresenta um registro regional excelente, de excelente carácter de timbre, aproximando-se do negro."[18]
Ver também n. 106 neste catálogo; *Compêndio*, p. 185; e "A música no Brasil", p. 24.
"Boi
Provérbio
Marrada de vaca velha / Não derruba marruá
(? parece provérbio) Vem no 'Oi dadá' (Nordeste) disco Victor [*sic*] Número 10473."[19]

18 Mário de Andrade, "A pronúncia cantada", *op. cit.*, p. 137.

19 *Melodias do boi*, envelope "Provérbios", fl. de caderneta de bolso, 10,6 x 6,7 cm, lápis preto.

# 12

◆ **LADO A**
VIANNA, Alfredo (Pixinguinha). "Vem cá! Não vou!": Choro orquestral. Orquestra Victor Brasileira.
Número da Matriz: 50019-5
Gravado a 6 de julho de 1929

◆ **LADO B**
VIANNA, Alfredo (Pixinguinha). "Urubatã": Choro orquestral. Orquestra Victor Brasileira.
Número da Matriz: 50020-2
Gravado a 6 de julho de 1929

**DISCO VICTOR Nº 33.204**
Lançamento: novembro de 1929

**NOTAS DE MÁRIO DE ANDRADE**
Na capa:
"26 = V. 33204"
"Disco admirável. Riqueza e beleza de combinações instrumentais. Alfredo Vianna é o próprio Pixinguinha. O título 'Urubatã' é digno de nota. Urubatã é um deus do catimbó, cuja melodia registrei no Nordeste. Pixinguinha, macumbeiro contumaz carioca, denominando uma obra sua com nome de catimbó... A melodia recolhida por mim é completamente outra."[20]

**REFERÊNCIAS NA LITERATURA MUSICAL DE MÁRIO DE ANDRADE**
Informações sobre a macumba, no Rio de Janeiro, transmitidas a Mário de Andrade por Pixinguinha:[21]
"Cerimônias de macumbas (Pixinguinha)
Macumbas
Pais de santo são os feiticeiros-mores, em cujas casas se realizam as macumbas. São obrigados a realizá-las nos dias exatos, como, por exemplo, 8 de dezembro, dia de Inhãçã N. S. da

20 A melodia colhida por Mário de Andrade em Natal, Rio Grande do Norte, vem reproduzida em *Música de feitiçaria, op. cit.*, p. 87.

21 Sete folhas destacadas de caderneta, manuscritas a lápis por Mário de Andrade, numeradas de 1 a 6, *Fichário musical*, envelope "Candomblé Macumba/ (Deuses)/Terminologia/Técnica" (Fundo Mário de Andrade, Arquivo IEB/USP). Também reproduzido em *Música de feitiçaria*, *op. cit.*, pp. 162-4. As informações oferecidas por Pixinguinha foram acolhidas por Mário de Andrade no capítulo "Macumba", de *Macunaíma*. Ver ensaio de Flávia Camargo Toni, "Eu victrolo, tu victrolas, ele victrola", neste livro, pp. 26-44.

Conceição. Também são obrigados, conforme o dia do santo, a matar um carneiro, um cabrito, um porco etc. Não perguntei se os macumbeiros comem toda essa carne gostosa. Naturalmente. Às vezes a fama de certos pais de santo se espalha. Uma das mais recentes mães de santo (pois que podem ser também mulheres) famosas foi a Tia Ciatha, mulher também turuna na música dizem. Passava os dias de violão no colo inventando melodias maxixadas e falam mesmo as más-línguas que muito maxixe que correu Brasil com nome de outros compositores negros eram dela e apropriações mais ou menos descaradas. Também se evoca o diabo sob a denominação de Exu. Aliás um maxixe do Donga o prova quando diz: 'Fui em Dona Clara – Numa macumba – com Exu falar, fazer um feitiço – pra cima de ti, pra você me deixar'[22].

O canto inicial das macumbas é o do salvamento dos santos e expulsão de Exu. É uã melopeia monótona, verdadeira litania em que repete infindavelmente o coro: 'Vamo saravá' a que segue uma fala mais ou menos melodizada 'Ôh Ojosse' [Oxóssi], 'Ôh Xangô', 'Ôh Ogum', com todo o Céu da religiosidade negra e de quando em quando 'Sai, Exu' expulsando

22 Mário de Andrade refere-se, provavelmente, ao samba de autoria de Donga e João da Baiana, "Dona Clara (Não te quero mais)", na interpretação de Patrício Teixeira, lançado em dezembro de 1927 (disco Odeon n. 10.084), que não consta, hoje, de sua discoteca. Cf. catálogo de Alcino Santos *et al.*, *Discografia brasileira – 78 rpm: 1902-1964*, *op. cit.*, p. 6.

o diabo. A palavra 'saravá' é uma deformação de 'salvar'.
É muito perigoso um pai de santo fazer pouco caso ou abandonar o culto dum santo que está ou esteve no preceito dele. Meu informante viu cos olhos dele um pai de santo sadio ir desmerecendo desmerecendo, por causa disso ficando empalamado, magricela, macambúzio e quase que morreu.
Depois da litania de salvação dos santos se dão certas cerimônias em parte coreográficas e acompanhadas talvez de cantos que não posso descrever por ter evitado de as descrever meu informador. Essas cerimônias continuam até que um dos presentes anuncia a chegada dum santo nele. O informante crente pio me confessou margurado que é uma vergonha certas macumbas de porcaria em que santo aparece por dá cá aquela palha. Não vê! Nas macumbas que se prezam muita noite se gasta sem que nenhum santo se lembre ou se digne de aparecer. Tem mesmo certos santos que se fazem de rogados por demais. Entre esses se distingue Ogum, que passa às vezes ano sem que apareça! O anúncio de que o santo vai chegar dá um frêmito de terror adorante nos assistentes. A pessoa em que o santo vai entrar se torna atenção de todos. De repente ele começa a puxar um canto a que todos os assistentes fazem coro. O santo chegou. Muitas vezes os instrumentistas, mesmo o ogã (tocador de atabaque, posto importante), pelejam pra acompanhar direito esses cantos estranhos, muitas

vezes improvisações duma variedade rítmica tão infinita e sutil que não tem compasso possível pra elas. 'Seria preciso muitos compassos diferentes pra anotar esses cantos', me contou meu informador. E essa maneira inculta de dizer que esses cantos são por vezes de ritmo livre é absolutamente fidedigna, pois quem me informa sabe música brasileira a fundo, é turuna nos nossos ritmos populares. Canta a pessoa em que o santo entrou, já inteiramente possessa e o coro faz a adoração do santo. Depois então principiam os pedidos pro santo, que os dá ou não. Uma coisa curiosa é que todos os crentes dessas macumbas têm cada qual um santo que os protege. É filho de santo. Um é filho de Ojosse [Oxóssi], outro filho de Xangô e assim por diante. Quando um santo desce no corpo de alguém, logo reconhece os filhos presentes e tem pra estes carinhos muito especiais. Concede o que os filhos querem e mesmo descobre o que falta a estes, se são infelizes, se são doentes. Muitas vezes mesmo ao pai de santo manda o santo fazer tal coisa pelo filho dele. E o pai de santo é obrigado a obedecer, senão corre desgraça nele e desonra, o que é pior. Tem até por vezes de gastar muito dinheiro com o filho de santo. E gasta. Os cantos dos santos encarnados são na infinita maioria incompreensíveis pros negros do Brasil. Ou em línguas africanas ou puramente mágicos em palavras onomatopaicas ou não, porém de sentido oculto. Ou nenhum sentido... Os pedidos que os macumbeiros fazem podem ser

pra bem próprio ou pra bem e mal alheio. No maxixe 'Não te quero mais' que citei, o macumbeiro pede ao diabo pra que uã amante o deixe. E...
'Uma negra velha / De cachimbo torto / Que tinha na boca / etc. / Pegou três pauzinhos, / Jogou para o alto. / Fez encruzilhada. / 'Nhonhô vai-se embora, / Me disse em segredo, / A mulher está amarrada' / Feitiço não te pegar, / Os santos vão te amarrar / etc.'
E diz na estrofe seguinte:
'Vou pedir a Ogum / Pra falar com Xangô / Pra você sofrer'. Xangô = deus do fogo entre os jorubas [iorubás].
O caboclo estava em casa, porém o inimigo trouxe o eu (palavra que eles empregam) na sessão e deu uma sova nele. Depois dizia vou levar você na gruta de tal. O médium ficava bom um tempo, depois, quando o eu do caboclo voltava, se percebia que ele tinha ido na gruta. E o sujeito que estava dormindo em casa até ficou de cama com a sova que apanhou."[23]
Sobre Pixinguinha, ver disco 104 neste catálogo. Ver também *Compêndio*, p. 185; "A música e a canção", p. 170; e *Música de feitiçaria no Brasil*, p. 197.

23 Mário de Andrade, *Música de feitiçaria no Brasil*, *op. cit.*, pp. 162-4.

# 13

◆ LADO A
GERALD, Desmond. "Suspiros": Choro orquestral. Orquestra Victor Brasileira.
Número da Matriz: 50015-3
Gravado a 4 de julho de 1929

◆ LADO B
VIANNA, Alfredo (Pixinguinha). "Carinhos": Choro orquestral. Orquestra Victor Brasileira.[24]
Número da Matriz: 50035-2
Gravado a 11 de setembro de 1929

**DISCO VICTOR Nº 33.209**
Lançamento: novembro de 1929

**NOTAS DE MÁRIO DE ANDRADE**
Na capa:
"27 = V. 33209 *ad hoc*"
"Choros muito bons. Alfredo Vianna é Pixinguinha."

**REFERÊNCIAS NA LITERATURA MUSICAL DE MÁRIO DE ANDRADE**
Sobre Pixinguinha, ver n. 12, 104 e 142 neste catálogo.

24 Cf. Alcino Santos *et al.*, *Discografia brasileira – 78 rpm: 1902-1964*, v. 2, *op. cit.*, p. 201. Só tempos após o lançamento, "Carinhos" foi batizada de "Carinhoso". Mário de Andrade possui as duas versões. Ver n. 142 neste catálogo.

# 14

◆ LADO A
SILVA, J. B. da (Sinhô). "Cais dourado": Toada. Breno Ferreira e Choro Victor.
Número da Matriz: 50043-2
Gravado a 13 de setembro de 1929

◆ LADO B
CAMARGO, Joraci. "Sinhô do Bonfim": Samba. Elpídio L. Dias (Bilu) e Orquestra Victor.
Número da Matriz: 50046-2
Gravado a 14 de setembro de 1929

**DISCO VICTOR Nº 33.211**
Lançamento: novembro de 1929

**NOTAS DE MÁRIO DE ANDRADE**
Na capa:
"59 = V. 33211"
"A peça de Sinhô é tradicional como linha, mas vale nada. O Senhor do Bonfim é uma felicidade."

**REFERÊNCIAS NA LITERATURA MUSICAL DE MÁRIO DE ANDRADE**
Sobre o lado A, ver n. 70 neste catálogo.
Sobre o lado B, ver n. 23 neste catálogo; *Dicionário*, verbete "batucada"; e "A música no Brasil", p. 20. Ver também *Aspectos*, p. 184, e "A música e a canção", p. 170.

# 15

◆ **LADO A**
TUPINAMBÁ, Marcelo.
"Balaio": Maxixe. Jesy Barbosa e Mário Pessoa com a Orquestra Victor.
Número da Matriz: 50065-2
Gravado a 28 de setembro de 1929

◆ **LADO B**
CARDONA, Oscar. "Beijar não é pecado": Samba. Vicente Paiva Ribeiro e Orquestra Victor.
Número da Matriz: 50055-2
Gravado a 19 de setembro de 1929

**DISCO VICTOR Nº 33.219**
Lançamento: novembro de 1929

**NOTAS DE MÁRIO DE ANDRADE**
Na capa:
"30 = V. 33219"
"O refrão 'Balaio' é tradicional, talvez secular."

**REFERÊNCIAS NA LITERATURA MUSICAL DE MÁRIO DE ANDRADE**
Sobre Marcelo Tupinambá: "Nós temos hoje inegavelmente uma música nacional. Mas esta ainda se conserva no domínio do povo, anônima. Dois homens, porém, de grande valor músico, tornaram-se notáveis na construção dela: Ernesto Nazaré e Marcelo Tupinambá. São, com efeito, os músicos brasileiros por excelência. Eu sempre e com grande carinho segui a produção desses dois compositores, e fiz a propaganda que me foi possível dela, mandando-a para os amigos dos Estados Unidos, de França e Alemanha. Mas de há muito alimentava o desejo de sobre eles escrever mais de espaço. [...]
O que faz notável Tupinambá é a riqueza de invenção melódica brasileira, que nem mesmo Nazaré possui tão bela e tão patrícia. Aquela dolência caprichosa, lânguida; aquela sensualidade trescalante, opressiva, quase angustiosa; aquela melancolia das vastas paragens desertas; aquele deserto, digamos assim, da linha melódica brasileira; e de quando em quando o arabesco inesperado; alerta, a vivacidade espiritual do caipira, a inteligência aguda, o burlesco repentino herdado dos negros, que tudo isso na cantiga nacional se revela: desapareceram

das canções de Tupinambá. Deram lugar a uma melodia incolor, muitas vezes banhada de vulgaridade. Um músico de firme educação dizia-me desapontado: São canções de qualquer país. [...]"[25].

25 Mário de Andrade, "Marcelo Tupinambá", em: *Música, doce música*, *op. cit.*, pp. 115-7.

# 16

◆ **LADO A**
LOZANO, Fabiano.
a) "Bandinha de roça".
b) "O poder do amor": Tema popular. Letra de F. Haroldo.
Orfeão Piracicabano.
Número da Matriz: 50075-1
Gravado a 22 de outubro de 1929

◆ **LADO B**
LOZANO, Fabiano. "Cascata de risos". Letra de F. Haroldo.
Orfeão Piracicabano.
Número da Matriz: 50081-1
Gravado a 24 de outubro de 1929

**DISCO VICTOR Nº 33.229**
Lançamento: dezembro de 1929

**NOTAS DE MÁRIO DE ANDRADE**
Na capa:
"7 = V. 33229"
"Bandinha engraçada."

**REFERÊNCIAS NA LITERATURA MUSICAL DE MÁRIO DE ANDRADE**
Ver *Aspectos*, pp. 62 e 131.

# 17

◆ **LADO A**
LOZANO, F. (arr.). "Dorme filhinho": Tema popular. Orfeão Piracicabano.
Número da Matriz: 50076-1
Gravado a 23 de outubro de 1929

◆ **LADO B**
LOZANO, F. e AYRES, M.
a) "Quando ela passa".
b) "Ao som da viola": Tema popular. Orfeão Piracicabano.
Número da Matriz: 50089-2
Gravado a 25 de outubro de 1929

**DISCO VICTOR Nº 33.230**
Lançamento: dezembro de 1929

**NOTAS DE MÁRIO DE ANDRADE**
Na capa:
"4 = V. 33230"
"Disco melhor que o anterior."[26]

**REFERÊNCIAS NA LITERATURA MUSICAL DE MÁRIO DE ANDRADE**
Sobre o lado B, ver "A música no Brasil", p. 23. Ver também *Compêndio*, p. 184.

26 Mário de Andrade refere-se ao disco nº 3 da coleção, subsérie Música Erudita, do Arquivo do IEB. O Orfeão Piracicabano canta, no lado A, "Devaneio", de R. Schumann, arranjo de Fabiano Lozano; no lado B, de Lozano e Visconde de Pedra Branca, "Ao cair da tarde", com solo de Maria Tereza Ferrez Arruda. Na capa, nota de Mário de Andrade: "Disco bem regular. Schumann está muito rápido. O outro lado é melhor. Já muito estragado".

# 18

◆ **LADO A**
GODÓI, Olegário de. "Samba": Dança típica paulista. Turma Caipira Victor.
Número da Matriz: 50082-2
Gravado a 25 de outubro de 1929

◆ **LADO B**
LOURENÇO, Manoel Rodrigues. "Paulista e gaúcho": Desafio. Manoel Rodrigues Lourenço e Olegário de Godói da Turma Caipira Victor.
Número da Matriz: 50085-2
Gravado a 25 de outubro de 1929

**DISCO VICTOR Nº 33.234**
Lançamento: dezembro de 1929

**NOTAS DE MÁRIO DE ANDRADE**
Na capa:
"48 = V. 33234"
"Bom disco como caráter. Samba bastante típico, mais elaborado, com estrofe e refrão. No refrão notar a fuga da quadratura e a introdução de um compasso ternário (ou três comp. unários) substituindo dois comp. binários finais."

# 19

**NOTAS DE MÁRIO DE ANDRADE**
Na capa:
"46 = V. 33235"
"O cateretê parece dar uma expressão característica realmente rural dessa dança."

◆ **LADO A**
CATERETÊ. Dança típica paulista. Turma Caipira Victor.
Número da Matriz: 50084-1
Gravado a 25 de outubro de 1929

◆ **LADO B**
GODÓI, Olegário de. "Desafio: Olegário e Avelina". Olegário de Godói e sua filha da Turma Caipira Victor.
Número da Matriz: 50094-1
Gravado a 25 de outubro de 1929

**DISCO VICTOR Nº 33.235**
Lançamento: dezembro de 1929

# 20

**◆ LADO A**

LOURENÇO, Manoel Rodrigues. "Cururu": Dança típica paulista. Turma Caipira Victor.
Número da Matriz: 50083-1
Gravado a 25 de outubro de 1929

**◆ LADO B**

LOURENÇO, Manoel Rodrigues. "Casamento da onça": Moda de viola. Manoel Rodrigues Lourenço e Olegário de Godói da Turma Caipira Victor.
Sem numeração de Matriz na *Discografia da música popular brasileira*.
Gravado a 25 de outubro de 1929

**DISCO VICTOR Nº 33.236**
Lançamento: dezembro de 1929

**NOTAS DE MÁRIO DE ANDRADE**
Na capa:
"47 = V. 33236"
"O 'Cururu' serve como exemplo típico, científico desta dança. Notar a puíta."

**REFERÊNCIAS NA LITERATURA MUSICAL DE MÁRIO DE ANDRADE**
Sobre o lado B, ver *Dicionário*, verbete "cuíca"; e "A música no Brasil", p. 20. Ver também *Compêndio*, p. 184; e "A música e a canção", p. 170.

# 21

**NOTAS DE MÁRIO DE ANDRADE**
Na capa:
"6 = V. 33241"
"'Saudade de Uberaba' [*sic*] é bonita."

**◆ LADO A**
CUNHA, Cristo Xavier da. "Saudade da minha terra" (Uberaba): Valsa. Cristo Xavier da Cunha: solo de harmônica.
Sem numeração de matriz na *Discografia da música popular brasileira*
Gravado a 9 de novembro de 1929

**◆ LADO B**
CUNHA, Cristo Xavier da. "Bela Noemi": Valsa. Cristo Xavier da Cunha: solo de harmônica.
Sem numeração de matriz na *Discografia da música popular brasileira*.
Gravado a 9 de novembro de 1929

**DISCO VICTOR Nº 33.241**
Lançamento: dezembro de 1929

# 22

## NOTAS DE MÁRIO DE ANDRADE

Na capa:
"14 = V. 33249"
"Disco medíocre. Notar na 'Jandaia' a prestigiosa escala do acompanhamento."

## REFERÊNCIAS NA LITERATURA MUSICAL DE MÁRIO DE ANDRADE

Sobre Carmen Miranda, ver n. 92 neste catálogo.

## ◆ LADO A

BARROS, Josué [de]. "Triste Jandaia": Canção-toada. Carmen Miranda com acompanhamento de dois violões. Rogério Guimarães e Josué de Barros (violões).
Número da Matriz: 50134-2
Gravado a 4 de dezembro de 1929

## ◆ LADO B

BARROS, Josué [de]. "Dona Balbina": Samba. Carmen Miranda com acompanhamento de dois violões. Rogério Guimarães e Josué de Barros (violões).
Número da Matriz: 50135-1
Gravado a 4 de dezembro de 1929

## DISCO VICTOR Nº 33.249

Lançamento: janeiro de 1930

# 23

◆ **LADO A**
BARROS, Josué [de]. "Babaô Miloquê": Batuque africano. Josué de Barros e Orquestra Victor Brasileira. Arranjo Pixinguinha[27].
Número da Matriz: 50113-3
Gravado a 22 de novembro de 1929

◆ **LADO B**
BARROS, Josué [de]. "História de um capitão africano". Josué de Barros.
Número da Matriz: 50139-2
Gravado a 9 de dezembro de 1929

**DISCO VICTOR Nº 33.253**
Lançamento: janeiro de 1930

**NOTAS DE MÁRIO DE ANDRADE**

"11 = V. 33253"

"Uma das grandes vitórias da discografia nacional. Admirável como caráter, tradição, invenção, riqueza de combinação instrumental. No 'Babaô' o ambiente de percussão lembra o dos maracatus pernambucanos."

"603, 6 – 'Babaô Miloquê'"[28]

**REFERÊNCIAS NA LITERATURA MUSICAL DE MÁRIO DE ANDRADE**

Sobre o lado A: "Ultimamente ainda ouvi dois [discos] que não podem ficar ausentes duma discoteca brasileira: o *Babaô Miloquê* (Victor) e o *Guriatã de coqueiro* (Odeon). São duas peças absolutamente admiráveis como originalidade e caráter. E admiravelmente executadas.

A história do primeiro nos dá uma lição. A primeira registração da melodia era banal, não escapava da sonoridade normal das orquestras maxixeiras do Rio. Foi recusada por isso. O autor, Josué [de] Barros, se viu na contingência de fazer coisa 'nova'. Mas o novo pro indivíduo folclorizado é muito relativo e as mais das vezes se confina (felizmente) em desencavar passados que guardou de sua própria vida, ou lhe deram por tradição. Toda a originalidade do 'Babaô Miloquê' está nisso. Uma orquestração interessantíssima que, excluindo os instrumentos de sopro, é exatamente,

27 A informação sobre a autoria do arranjo deve-se à pesquisa de Virgínia Bessa em *"Um bocadinho de cada coisa": trajetória e obra de Pixinguinha. História e música popular nos anos 20 e 30*, dissertação, Departamento de História da Faculdade de Filosofia, Letras e Ciências Humanas, Universidade de São Paulo, 2006.

28 Na duplicata do disco, Mário de Andrade consignou, na capa, o n. 225.

e com menos brutalidade no ruído, a sonoridade de percussão dos Maracatus do Nordeste.

A lição está clara. Exigir do produtor de músicas folclorizado que não se deixe levar pelo fácil que lhe dá menos trabalho. Guiar os passos dele pra evitar nos discos (que não são documentação rigidamente etnográfica) a monotonia que é por exemplo a censura possível a discos também esplêndidos como *Vamo apanhá limão* (Odeon), o *Senhor do Bonfim* (Victor) ou o recente *Escoieno noiva* (Columbia), da série regional de Cornélio Pires. A intromissão da voz tem de ser dosada pra evitar o excesso de repetição estrófica. Os acompanhamentos têm de variar mais na sua polifonia, já que não é possível na harmonização, que os tornaria pedantes e extrapopulares. E variar também na instrumentação. E que isso é possível dentro do caráter nacional, provam muito bem os dois lindos discos que citei anteriormente"[29].

Sobre o lado B: "Não será porém necessário apelar para o testemunho dos autores para provar a forte nasalidade da pronúncia afro-brasileira. Ela se demonstra melhormente pelos discos.

A discografia nacional apresenta uma coleção numerosa de discos em que se exemplifica essa pronúncia tanto falada como cantada. Se tomamos *História de um capitão africano* (Victor, 33253), as vozes negras do diálogo falado são de grande carácter e de nasal incisivo, tanto

29 Ver "Gravação nacional", no "Apêndice", pp. 245-6.

a masculina como a feminina. [...]
Nota – Neste disco, aliás, se observa também a concorrência das vogais abertas. Chega-se mesmo a ouvir 'ôrubú' por 'urubu' (?)"[30].

Ver "A música no Brasil", p. 20. Ver também n. 4, 7, 14 e 30 neste catálogo; e *Compêndio*, p. 184.

30 Mário de Andrade, "A pronúncia cantada", *op. cit.*, p. 136.

# 24

**NOTAS DE MÁRIO DE ANDRADE**

Na capa:

"00, 1000 = V. 50113-3"

"Prova vinda depois do 'Congo Malabá', e como esta, rejeitada."

"Primeira prova do 'Babaô Miloquê'."

◆ **LADO A**

BARROS, Josué [de]. "Babaô Miloquê".

◆ **DISCO VICTOR Nº 50.113 3**

25 cm, sem selo, gravação em um só lado, autor e título manuscritos a lápis, numerado com carimbo.

# 25

**NOTAS DE MÁRIO DE ANDRADE**

"0 1000 = V. 50117-1"

"'Congo malabá', peça rejeitada de que surgiu em seguida a versão chamada 'Babaô Miloquê'."

"Prova reprovada de que resultou o 'Babaô Miloquê'. 'Congo Malabá'."[31]

◆ **LADO A**

[BARROS, Josué de]. "Congo Malabá".

◆ **DISCO VICTOR Nº** 501.17 1

25 cm, sem selo, gravação em um só lado, título manuscrito a lápis, numerado com carimbo. Gravado a 23 de novembro de 1929

31 A ordenação dos exemplares aqui numerados como n. 24 e 25 obedece às numerações de suas matrizes, 50113 3 e 50117 1, respectivamente. No entanto, segundo consulta de Gilberto Gonçalves ao diário de gravações da gravadora Victor (Recording Information – Victor 1929-1932, sem numeração de página), a gravação de "Congo Malabá" (23 de novembro de 1929) é posterior à de "Babaô Miloquê" (22 de novembro de 1929). O documento consultado pertence ao acervo particular de Miguel Ângelo de Azevedo Nirez.

# 26

◆ LADO A
CARVALHO, A. de. "Mamãe não quer...": Samba-canção. Carmen Miranda e Choro Victor.
Número da Matriz: 50162-2
Gravado a 22 de janeiro de 1930

◆ LADO B
CARVALHO, Joubert de. "Pra você gostar de mim": Marcha carnavalesca. Carmen Miranda e Choro Victor.
Número da Matriz: 50169-3
Gravado a 27 de janeiro de 1930

**DISCO VICTOR Nº 33.263**
Lançamento: fevereiro de 1930

**NOTAS DE MÁRIO DE ANDRADE**
Na capa:
"58 = V. 33263"
"O disco de maior venda, vinte mil saídos, em janeiro de 1931..."[32]

**REFERÊNCIAS NA LITERATURA MUSICAL DE MÁRIO DE ANDRADE**
Sobre o lado B, ver n. 69 neste catálogo.
Sobre Carmen Miranda, ver n. 92.

32 Nota da pesquisa: Conforme indicação da *Discografia da música popular brasileira*, o disco foi lançado em fevereiro de 1930.

# 27

◆ **LADO A**
SANTOS, Ernesto dos (Donga). "O que há contigo?": Samba. Mário Reis com Orquestra Pan American. Direção: Simon Bountman.
Número da Matriz: 3313

◆ **LADO B**
VIEIRA, Orlando. "Meu coração não te aceita": Samba. Mário Reis com Orquestra Pan American. Direção: Simon Bountman.
Número da Matriz: 3314

**DISCO ODEON Nº 10.569**
Lançamento: fevereiro de 1930

**NOTAS DE MÁRIO DE ANDRADE**
"288 = O. B. 3313 (10569)"
"O samba de Donga é um modelo no gênero e está orquestralmente bem realizado."

**REFERÊNCIAS NA LITERATURA MUSICAL DE MÁRIO DE ANDRADE**
Ver n. 53 neste catálogo.

# 28

**NOTAS DE MÁRIO DE ANDRADE**
Na capa:
"305 = O. B. 10577"
"Orobô melhor."

**◆ LADO A**
ALMEIDA, Cícero [de] (Baiano). "Orobô": Ponto de macumba. Gusmão Lobo com Coro e Orquestra Pan American. Direção: Simon Bountman.
Número da Matriz: 3297

**◆ LADO B**
COSTA, João Felipe da. "Toma cuidado": Cateretê paulista. Gusmão Lobo com Coro e Orquestra Pan American. Direção: Simon Bountman.
Número da Matriz: 3269-1

**DISCO ODEON Nº 10.577**
Lançamento: março de 1930

# 29

◆ **LADO A**
CARAMURU, J. "Isquipac--Isquipu": Embolada. Breno Ferreira e Choro Victor.
Número da Matriz: 50207-2
Gravado a 19 de março de 1930

◆ **LADO B**
VIANNA, Alfredo (Pixinguinha). "O urubu e o gavião": Choro. Alfredo Vianna. Solo de flauta com violões e cavaquinho por Rogério Guimarães, João Frazão e Nelson Ayres.
Número da Matriz: 50216-2
Gravado a 26 de março de 1930

**DISCO VICTOR Nº 33.262**

**NOTAS DE MÁRIO DE ANDRADE**
"228 = V. 33262"

**REFERÊNCIAS NA LITERATURA MUSICAL DE MÁRIO DE ANDRADE**
Sobre Pixinguinha, ver n. 12 e 104 neste catálogo.
Sobre o lado B, ver *Dicionário*, verbete "heterofonia". Ver também *Compêndio*, p. 185; e "A música e a canção", p. 170.

# 30

**◆ LADO A**

PIRES, Cornélio. "Escoieno noiva": Moda de viola. Cornélio Pires e Caipirada Barretense.
Número da Matriz: 380572

**◆ LADO B**

PIRES, Cornélio. "Situação encrencada": Moda de viola. Cornélio Pires e Caipirada Barretense.
Número da Matriz: 380571

**DISCO COLUMBIA Nº 20.021**[33]
Lançamento: abril de 1930

**NOTAS DE MÁRIO DE ANDRADE**

"45 = C.B. 20021"
"Modas com recortado. 'Escoieno noiva' é originalíssima como linha melódica. Outro lado política e crise."

**REFERÊNCIAS NA LITERATURA MUSICAL DE MÁRIO DE ANDRADE**

Sobre o lado A, ver *Dicionário*, verbete "recorte"; e n. 23 neste catálogo.
Sobre o lado B, ver "A música no Brasil", p. 23. Ver também "A música e a canção", p. 170; e *Compêndio*, p. 185.

33 Cf. Alcino Santos *et al.*, *Discografia brasileira – 78 rpm: 1902-1964*, *op. cit.*, p. 301. Os discos da série 20.000, da Columbia, foram gravados por iniciativa do próprio Cornélio Pires, que custeou as gravações. A série foi dividida em cinco subséries: Humorística, Folclórica, Regional, Serenatas e Patriótica.

# 31

◆ LADO A

"Foi n'uma tarde calmosa": Modinha (tema popular). Léa Azeredo Silveira acompanhada de violão.

Número da Matriz: 50349-1

Gravado a 23 de junho de 1930

◆ LADO B

TUPINAMBÁ, Marcelo e GUIMARÃES, Alfonsus.

"Canção": Canção. Léa Azeredo Silveira acompanhada de violão

Número da Matriz: 50350-2

Gravado a 23 de junho de 1930

**DISCO VICTOR Nº 33.333**

Lançamento: 1930

**NOTAS DE MÁRIO DE ANDRADE**

Na capa:

"19 = V. 33333"

"Dicção e sonoridade vocal excelentes como caráter nacional."[34]

**REFERÊNCIAS NA LITERATURA MUSICAL DE MÁRIO DE ANDRADE**

Sobre o lado A, ver "A música no Brasil", p. 23. Ver também *Compêndio*, p. 185.

34 Na duplicata do disco, Mário de Andrade anotou, na capa, "224 = V. 33333 // *ad hoc*" e "Foi numa noite calmosa".

# 32

◆ **LADO A**
GAMA, Marques da. "Vai sair bagagem": Samba. Sílvio Caldas e Orquestra Victor Brasileira.
Número da Matriz: 50312-1
Gravado a 11 de junho de 1930

◆ **LADO B**
CARDOSO, Carlos. "Mulambo": Samba. Sílvio Caldas e Orquestra Victor Brasileira.
Número da Matriz: 50316-2
Gravado a 12 de junho de 1930

**DISCO VICTOR Nº 33.301**
Lançamento: agosto de 1930

**NOTAS DE MÁRIO DE ANDRADE**
"60 = V. 33301"
"Sempre é preciso saber que muitos discos desta minha coleção, quase todos os Victor até pouco mais de 250, me foram dados prá coleção. D'aí a posse de coisas como estas que aliás são ótimas pra quando precisar citar porcarias absolutas."

# 33

◆ **LADO A**

ABREU, J. [de]. "Mariquita": Canção. Ubirajara e Quarteto Victor Paulista.
Número da Matriz: 50278-2
Gravado a 24 de maio de 1930

◆ **LADO B**

ABREU, J. [de]. "Onde Deus viveu na terra": Canção. Ubirajara e Quarteto Victor Paulista.
Número da Matriz: 50279-4
Gravado a 24 de maio de 1930

**DISCO VICTOR Nº 33.303**
Lançamento: agosto de 1930

**NOTAS DE MÁRIO DE ANDRADE**
"17 = V. 33303 *ad hoc*"
"Modinhas"

**REFERÊNCIAS NA LITERATURA MUSICAL DE MÁRIO DE ANDRADE**
Sobre Ubirajara: "O problema dos *ee* e *oo* surdos é incontestavelmente o que encontra menos soluções apropriadas na discografia nacional. [...] Mas o sr. Ubirajara na canção 'Mariquita' [...] também nos diz 'ao pé dê mim' e 'ri dê mim'"[35].

35 Mário de Andrade, "A pronúncia cantada", *op. cit.*, p. 130.

# 34

◆ **LADO A**
JANINI, José e FERNANDES, Lilinha. "Mentiras": Embolada.
Breno Ferreira acompanhado de choro e coro.
Número da Matriz: 50437-R-2
Gravado a 7 de agosto de 1930

◆ **LADO B**
FERREIRA, Breno. "A pombinha avuô": Embolada.
Breno Ferreira acompanhado de choro e coro.
Número da Matriz: 50434-1
Gravado a 7 de agosto de 1930

**DISCO VICTOR Nº 33.364**
Lançamento: agosto de 1930

**NOTAS DE MÁRIO DE ANDRADE**
Na capa:
"36 = V. 33364"

**REFERÊNCIAS NA LITERATURA MUSICAL DE MÁRIO DE ANDRADE**
Sobre o lado A, ver n. 104 neste catálogo.

# 35

◆ LADO A

ANGELINO [de Oliveira]. "Aguenta Maneco". Cornélio Pires com Maracajá e Os Bandeirantes.
Número da Matriz: 380773

◆ LADO B

"Folia de reis". Cornélio Pires com foliões do Zé Messias.
Número da Matriz: 380795

**DISCO COLUMBIA Nº 20.032**
Lançamento: agosto de 1930

**NOTAS DE MÁRIO DE ANDRADE**
Na capa:
"273 = C. B. 20032"
"Um dos poucos discos folcloricamente científicos que possuímos, afora as modas caipiras. A folia é absolutamente sem influência ou arranjo. Por azar, não havia no agrupamento orquestral desta folia, o triângulo, o 'ferrinho' como eles dizem, lembrando Portugal, que é obrigatório das orquestrinhas das folias, conforme me informou o próprio Cornélio Pires."

# 36

◆ **LADO A**

OLIVEIRA, Angelino de e PIRES, Cornélio. "Cantando o aboio". Letra de Cornélio Pires. Maracajá e Os Bandeirantes.
Número da Matriz: 380772

◆ **LADO B**

ANÔNIMO. "Toada de mutirão". Cornélio Pires com Zé Messias e parceiros.
Número da Matriz: 380796

**DISCO COLUMBIA Nº 20.033**
Lançamento: agosto de 1930

**NOTAS DE MÁRIO DE ANDRADE**

Na capa:
"270 = C. B. 20033"
"Outro disco de valor científico quanto à toada de mutirão. O outro lado é arranjo, e o aboio ouvido na feira de Sant'ana do Livramento, me confessou o próprio Cornélio Pires, está mal reproduzido."

**REFERÊNCIAS NA LITERATURA MUSICAL DE MÁRIO DE ANDRADE**

Sobre o lado B, ver n. 130 neste catálogo. Ver também "A música e a canção", p. 170.

# 37

◆ **LADO A**

RANGEL, Severino (Ratinho). "Guriatã de coqueiro": Cantiga do Norte do Brasil. Severino Rangel (Ratinho), canto e saxofone, com os Batutas do Norte.

Número da Matriz: 3671

◆ **LADO B**

RANGEL, Severino (Ratinho). "Saxofone, porque choras?": Choro. Severino Rangel (Ratinho) com os Batutas do Norte.

Número da Matriz: 3672

**DISCO ODEON Nº 10.656**

Lançamento: agosto de 1930

**NOTAS DE MÁRIO DE ANDRADE**

Na capa:

"25 = O 10656 *ad hoc*"[36]

"Mal discado, mas uma das obras-primas da discoteca nacional o 'Guriatã de coqueiro'. Melodia caracteristicamente nordestina, com arabescos frequentes na melódica nordestina e mesmo um pequeno trecho de linha pertencente ao canto de mestre Carlos, de catimbó, que colhi idêntico no Rio Grande do Norte, na Paraíba e em Pernambuco. A outra face é um bom choro urbano, bem típico dos choros."

**REFERÊNCIAS NA LITERATURA MUSICAL DE MÁRIO DE ANDRADE**

Sobre o lado A: "O mais provável é que as melodias da feitiçaria nacional raramente sejam o que cientificamente a gente chama de tradicional e folclórico, mesmo as que de mais perto cheiram a africanismo e de mais perto nos pareçam a nós características. Se algumas peças se universalizam como o 'Lá vai o sol' da macumba ou a linha de mestre Carlos do catimbó, isso deriva de causas que ainda não nos permitem chamar essas músicas de tradicionais. A popularidade enorme do simpático mestre Carlos, deus menino e benfeitor, fez com que o povo nordestino generalizasse, sabei-me lá por quantos anos!, uma só melodia dele. Essa melodia está mesmo tão vulgarizada no Nordeste que algumas das suas frases

36 Na capa da duplicata, Mário de Andrade anotou à tinta: "222 = O.B. 10656".

se tornaram verdadeiras frases feitas da melódica nordestina. Num dos mais bonitos discos populares que possuímos, o *Guriatã de coqueiro*, essas frases aparecem"[37].

Ver "A música no Brasil", p. 24; e n. 23, 105 e 106 neste catálogo. Ver também *Compêndio*, p. 185; "A música e a canção", p. 170; e *Música de feitiçaria no Brasil*, p. 274[38].

37 Mário de Andrade, *Música de feitiçaria no Brasil*, *op. cit.*, pp. 55-6.

38 "Guriatã de coqueiro" é uma das melodias gravadas em disco que Mário de Andrade sugere a Oneyda Alvarenga incluir num cancioneiro infantil, planejado em parceria com Clorinda Rosato. Ver Oneyda Alvarenga e Mário de Andrade, *Mário de Andrade e Oneyda Alvarenga: cartas*, *op. cit.*, p. 218 (Carta de 5 mar. 1940).

# 38

◆ LADO A
MACUMBA: “Ponto de Inhãçã”.
Elói Antero Dias e Getúlio Marinho com o Conjunto Africano.
Número da Matriz: 3859

◆ LADO B
MACUMBA: “Ponto de Ogum”.
Elói Antero Dias e Getúlio Marinho com o Conjunto Africano.
Número da Matriz: 3860

**DISCO ODEON Nº 10.679**
Lançamento: setembro de 1930

**NOTAS DE MÁRIO DE ANDRADE**
Na capa:
“39 = O. B. 10679”
“Extra ‘Inhãçã’. Disco de grande importância folclórica.”

**REFERÊNCIAS NA LITERATURA MUSICAL DE MÁRIO DE ANDRADE**
Sobre o lado A, ver *Música de feitiçaria*, pp. 44, 55, 134, 269 e 274.
Sobre o lado B, ver “A música no Brasil”, p. 21. Ver também n. 42, 59, 63, 92 e 133 neste catálogo; e *Compêndio*, p. 185.

# 39

◆ **LADO A**

BARROS, Maria Amélia. "O barão da Bahia": Vocal. Elsie Houston acompanhada por Gaó, Jonas e Zezinho.
Número da Matriz: 380830-1

◆ **LADO B**

HOUSTON, Elsie (arr.). "Cadê minha pomba-rola": Vocal--batuque. Elsie Houston acompanhada por Gaó, Jonas, Zezinho e Petit.
Número da Matriz: 380832-2

**DISCO COLUMBIA Nº 7.014**
Lançamento: setembro de 1930

**NOTAS DE MÁRIO DE ANDRADE**
Na capa:
"275 = C. B. 7014"

**REFERÊNCIAS NA LITERATURA MUSICAL DE MÁRIO DE ANDRADE**
Sobre Elsie Houston: "Mais curioso ainda é o caso da sra. Elsie Houston na série de discos que gravou para a Columbia ('Puxa o melão', 'Eh Jurupaña', 'O barão da Baía', Columbia 7014-B, 7050-B e 7053-B). Acreditamos que esta admirável cantora foi quem atingiu em discos a maior perfeição como prolação exata dos fonemas nacionais. Que admirável e exata riqueza de vogais surdas! Sua voz não é muito fonogênica e perde um pouco do seu timbre próprio na gravação, mas por esta se percebe a extrema perfeição dos fonemas tanto de fala culta, como em certos casos de caracterização inculta, exigidos pelas peças populares que estão gravadas. A cor das vogais surdas é notavelmente rica e apropositada, os grupos consonânticos são habilmente emitidos, os *r*, *l* e *s* finais se diluem com excelente discrição, sem se caracterizarem, como no caso da sra. Carmen Gomes, por uma espécie de final brusco, de menos agradável efeito. Só no timbre, porém, que aliás é lindíssimo, a sra. Elsie Houston, carioca filha de norte-americano e brasileira, não apresenta bastante evidência nacional, embora ainda seja ela o que temos de mais brasileiro como voz erudita. Mas a sra. Elsie Houston também se afasta profundamente das timbrações europeias. Os seus nasais, o seu roliço

aflautado, a sua limpidez de emissão se equiparam exatamente aos das cantoras afro-ianques de espirituais, quando boas. Chegou mesmo, entre nós, a impressionar a identidade de timbração da sra. Elsie Houston com a da grande cantora Marian Anderson, quando esta retomava os processos afro-ianques de entoação para cantar espirituais"[39].

Ver *Música final*, p. 42. Ver também n. 45, 56 e 57 neste catálogo.

39 Mário de Andrade, "A pronúncia cantada", *op. cit.*, p. 126.

# 40

◆ **LADO A**
CAMPOS, L. B. e MACHADO, G. "Um paulista pelo norte": Moda de viola. Lázaro e Machado com violão.
Gravado a 21 de maio de 1930

◆ **LADO B**
AZEVEDO, Otávio (Bimbo). "Gererê": Toada paulista. Lázaro e Machado com viola.
Gravado a 21 de maio de 1930

**DISCO VICTOR Nº 33.297**
Lançamento: setembro de 1930

**NOTAS DE MÁRIO DE ANDRADE**
Na capa:
"49 = V. 33297"
"Disco ótimo. O 'Gererê' é característico como 'toada' rural. A outra face é das mais bonitas modas caipiras. Notar que tem o 'alto da moda' (introdução cantada) e observar ainda o rasgueio final."

**REFERÊNCIAS NA LITERATURA MUSICAL DE MÁRIO DE ANDRADE**
Sobre o lado B, ver "A música no Brasil", p. 23. Ver também *Compêndio*, p. 185; e "A música e a canção", p. 170.

# 41

• **LADO A**
MAGNO, Antônio. "Sabiá da favela": Samba-embolada. Grupo Batutas Rioclarenses. Gravado a 10 de agosto de 1930

• **LADO B**
MAGNO, Antônio. "Pinto danado": Samba-embolada. Grupo Batutas Rioclarenses. Gravado a 9 de agosto de 1930

**DISCO VICTOR Nº 33.356**
Lançamento: setembro de 1930

**NOTAS DE MÁRIO DE ANDRADE**
Na capa:
"32 = V. 33356"
"A embolada tem um refrão lindo, bem paulista, provavelmente uma melodia de samba rural urbanizada no ritmo."
"Muito estragado."

# 42

◆ **LADO A**
MACUMBA: "Canto de Exu". Elói Antero Dias e Getúlio Marinho com o Conjunto Africano.
Número da Matriz: 3879

◆ **LADO B**
MACUMBA: "Canto de Ogum". Elói Antero Dias e Getúlio Marinho com o Conjunto Africano.
Número da Matriz: 3880

**DISCO ODEON Nº 10.690**
Lançamento: outubro de 1930

**NOTAS DE MÁRIO DE ANDRADE**
Na capa:
"242 = O. B. 10690"
"Disco ótimo. De originalidade formidável. Parece cientificamente perfeito."
"Ponto de Ogum"

**REFERÊNCIAS NA LITERATURA MUSICAL DE MÁRIO DE ANDRADE**
Sobre o lado B: "Uma peça notável de macumba traz admiravelmente expressa essa liberdade rítmica, que torna a linha oscilante e desnorteadora, é o 'ponto de Ogum'. A rítmica está criada nele fugitivamente, e apresenta uma série de dois compassos ternários, seguida sempre dum compasso binário[40]. Mas essa qualidade ainda não é a mais admirável desse 'ponto de Ogum'. A força hipnótica da música é mesmo apreciadíssima do nosso povo, e constantemente ele usa dum processo curiosíssimo, verdadeiro compromisso rítmico-tonal, que consiste em fazer que o ritmo não acabe ao mesmo tempo que a evolução tonal da melodia, o que leva a gente a recomeçar a peça pra que a melodia acabe tonalmente. Em música, se pode dizer que o povo brasileiro já inventou o moto-contínuo... Explico bem: sobre um texto dado, se fixou um ritmo de ordem exclusivamente musical, que

40 Em *Música de feitiçaria no Brasil*, Oneyda Alvarenga acrescenta, a partir desse ponto, cinco notas complementando o texto de Mário de Andrade, notas que, como as demais do livro, remetem ao "Apêndice" do final da obra, onde a musicóloga transcreve toda a documentação coletada pelo autor.

consiste na repetição geralmente de um, ou mais motivos rítmicos. Essa repetição agrupada pelos acentos fixa a binaridade e a quadratura estrófica da melodia. Assim, quando o texto chega ao seu ponto final, o ritmo da melodia também chegou ao seu ponto final. Isso dá sensação de repouso, que não apenas permite, mas provoca a terminação da cantoria. Mas sucedeu que a evolução harmônica da melodia, ao finalizarem texto e ritmo, não está na tríade tonal, mas numa das notas de passagem da escala, evocando pois um acorde dissonante. Se a melodia também estivesse na tônica ou na mediante, a sensação de repouso, de fim, seria completa, e levaria a finalizar a repetição. Mas o que a psique nacional deseja é mesmo a repetição, a repetição inumerável que hipnotiza ou embebeda, e por isso a melodia, ao chegar o ponto final de texto e ritmo, está na sensível, no segundo grau, no quarto, em geral provocando justamente o acorde de sétima-de-dominante, que obriga a continuar pelo menos com mais um som. Mas pra que esse som seja executado, foi preciso reiniciar o texto e reiniciar o ritmo, e reiniciados estes é imprescindível ir até o fim deles. Mas, ao chegar no fim deles, é a evolução tonal da melodia que obriga a recomeçar outra vez. E isso leva a multiplicar infindavelmente a pequena frase da cantoria, e tirar pois, fisiopsiquicamente falando, todo o poder hipnótico que ela tem. Também o ponto de Inhãçã, em disco Odeon, 10679, emprega esse processo de embebedar pela música. No ponto de Ogum, o compromisso rítmico-tonal de que falo foi interessantissimamente estabelecido por um neuma-refrão 'aê', que se canta num salto, indo do segundo pro quarto grau e fixando o acorde de sétima-de-dominante. O ponto de Ogum ainda traz uma outra característica interessantíssima: é o emprego do princípio da variação, tal como ele é usado pelos cantadores do Brasil inteiro, principalmente nos cocos de embolada nordestinos. O conceito da variação muda enormemente com os tempos, e positivamente aqui não é o lugar pra que eu explique as diversas modalidades dele, desde o Ground dos virginalistas até as variações sinfônicas dos nossos dias. O nosso povo emprega um processo que quando muito se aproxima àquele jeito tão vulgarizado depois de Grieg, o qual, na repetição dum motivo, dum membro de frase, lhe varia levemente a apresentação pelo acrescentamento dum som ou por uma modificação rítmica. Em nosso povo, o processo da variação consiste, na repetição da melodia, em mudar-lhe dois ou três sons, ou, por causa das acentuações das palavras dos textos, em deslocar algum acento. Esse processo, partido evidente das falhas de memoriação, é hoje praticado sistematicamente. Nas emboladas que variam sobre o refrão, a variação às vezes se apresenta realmente rica. No geral a variação é propositalmente pobre, mudança de poucos sons, deslocação apenas dum acento. Nos Congados, Moçambiques e sambas de negros rurais ou já de caipiras de São Paulo, as frases de recitativo entre as danças são propositalmente dadas com tais glissandos e portamentos, com tão prodigiosa indecisão melódica que não é possível grafar esses recitativos. Na realidade a impressão que se tem é que existe um tema, exclusivamente virtual, que é impossível por isso determinar com exatidão, sobre o qual os cantadores variam sempre em quartos de tons, desafinações voluntárias, nasalações sonoramente indiscerníveis, arrastados e portamentos de voz. Tudo isso pela sua própria pobreza deixa cantador e ouvinte numa indecisão pasmosa, completamente desnorteado e tonto: porque esse é realmente o processo de tornar mais forte, mais eficaz, o poder hipnótico da música. Ora, eu insisto sobre essa qualidade hipnótica procurada pela nossa música popular. Nossa gente em numerosos gêneros e formas de sua música principalmente rural, cocos, sambas, modas cururus etc., busca a embriaguez sonora. A música é utilizada numerosas vezes pelo nosso povo, não apenas na feitiçaria mas nas suas cantigas profanas, especialmente coreográficas, como um legítimo estupefaciente. Da mesma forma que o Huitota ou o neto do Inca decaído traz sempre na boca as folhas da coca, o homem brasileiro traz na boca a melodia dançada que lhe entorpece e insensibiliza todo o ser. Ela não é apenas uma evasão sexual do indivíduo ou uma expressão dos interesses sociais do grupo. É um estupefaciente, um elemento

de insensibilização e bebedice que provoca, além da fadiga, uma consunção temporânea, e talvez da vida inteira, ai que preguiça!...
Assim deverá se observar neste 'ponto de Ogum' que tudo não passa duma só frase melódica, ritmicamente indecisa, ora entoada pelo solista cada vez com um texto novo, e repetida responsorialmente pelo coro sempre com o mesmo texto-refrão 'Ôh êh Umbanda cagira-gira angulá'. No fim da frase em dó maior terminada na mediante e finalizando bem tanto o ritmo como a evolução tonal, vem o neuma-refrão 'aê' intervalo ascendente ré-fá, fixando o acorde dissonante e obrigando a frase a recomeçar. E esta recomeça em variação do solista, variação pequenininha, mas procurada, consciente, e que justamente por ser mínima estabelece a oscilação hipnótica. É possível que num disco mal gravado e com maus cantores esta peça não pareça bonita no sentido *e-lucevan-le-stelle* da boniteza musical, mas este 'ponto de Ogum' é realmente um documento precioso, uma obra-prima como originalidade, caráter afro-brasileiro e ainda como protótipo da música de magia"[41].
Ver também *Música de feitiçaria*, pp. 231, 269 e 274; e *Compêndio*, p. 185.

41 Mário de Andrade, *Música de feitiçaria no Brasil*, *op. cit.*, pp. 43-5 e 269. Nesta última página citada, há outra versão do trecho, análise da faixa B. Notar que Mário de Andrade diz, sistematicamente, "ponto de Ogum", conforme indicado na capa de seu exemplar, embora o título, no selo do disco, seja "canto de Ogum".

# 43

**NOTAS DE MÁRIO DE ANDRADE**
Na capa:
"28 = V. 33318"
"Benga"

**REFERÊNCIAS NA LITERATURA MUSICAL DE MÁRIO DE ANDRADE**
Sobre o lado A, ver *Dicionário*, verbete "maxixe". Ver também *Compêndio*, p. 184.

**◆ LADO A**
CARDOSO, Carlos. "Tamoio": Maxixe. Orquestra Victor Brasileira.
Número da Matriz: 50305-2
Gravado a 10 de junho de 1930

**◆ LADO B**
SOUZA, S. P. de. "Benga": Maxixe. Orquestra Victor Brasileira.
Número da Matriz: 50304-1
Gravado a 10 de junho de 1930

**DISCO VICTOR Nº 33.318**
Lançamento: novembro de 1930

# 44

◆ **LADO A**
MIGLIORI, Gabriel. "Viva Isidoro": Marcha [...] em homenagem ao Marechal Isidoro Dias Lopes. Orquestra Victor Brasileira.
Número da Matriz: 65011-1
Gravado a 4 de novembro de 1930

◆ **LADO B**
VALENÇA, João e BRANDÃO, Oscar. "Hino a Juarez". Ubirajara e Orquestra Victor Brasileira.
Número da Matriz: 65014-1-2
Gravado a 7 de novembro de 1930

**DISCO VICTOR Nº 33.360**
Lançamento: novembro de 1930

**NOTAS DE MÁRIO DE ANDRADE**
Na capa:
"54 = V. 33360"

**REFERÊNCIAS NA LITERATURA MUSICAL DE MÁRIO DE ANDRADE**
Ver *Compêndio*, p. 185.

# 45

◆ **LADO A**
NERY, Amélia Brandão.
"Capelinha de melão": Samba.
Elisa Coelho e violões.
Número da Matriz: 50341-1
Gravado a 21 de junho de 1930

◆ **LADO B**
NERY, Amélia Brandão. "A minha viola é de primeira": Samba. Elisa Coelho e violões.
Número da Matriz: 50342-2
Gravado a 21 de junho de 1930

**DISCO VICTOR Nº 33.322**
Lançamento: dezembro de 1930

**NOTAS DE MÁRIO DE ANDRADE**
Na capa:
"62 = V. 33322 *ad hoc*"
"O refrão 'Capelinha de melão' será talvez uma das raras canções tradicionais do Brasil, como melodia. Pelo menos em todo o Nordeste esse texto é cantado com a mesma melodia. Em São Paulo, porém, já ela é desconhecida..."
"A minha viola"

**REFERÊNCIAS NA LITERATURA MUSICAL DE MÁRIO DE ANDRADE**
Sobre Elisa Coelho: "Entre os bons exemplos de emissão de vogais surdas, além da sra. Elsie Houston, que é modelar, poderemos ainda citar a sra. Elisa Coelho nas duas faces do disco Victor nº 33322. É verdade que está imitando pronúncia rural, mas a observação não se invalida por isso"[42].
Ver também n. 39, 56 e 57 neste catálogo.

42 Mário de Andrade, "A pronúncia cantada", *op. cit.*, p. 126.

# 46

**NOTAS DE MÁRIO DE ANDRADE**
Na capa:
"21 = V. 33365"
"Embolada excelente"

◆ **LADO A**
GRANY, Atílio. "Lá vem ele": Toada nortista. Pilé acompanhado de choro e coro.
Número da Matriz: 50304-1
Gravado a 19 de agosto de 1930

◆ **LADO B**
PILÉ. "Pinga-fogo": Embolada. Pilé acompanhado de choro e coro.
Número da Matriz: 50417-2
Gravado a 23 de julho de 1930

**DISCO VICTOR Nº 33.365**
Lançamento: dezembro de 1930

# 47

◆ **LADO A**
ANDRÉ FILHO. "Malandro": Samba. Carmen Miranda acompanhada de choro e coro.
Número da Matriz: 50451-1
Gravado a 12 de agosto de 1930

◆ **LADO B**
ANDRÉ FILHO. "Cuidado, hein!": Samba. Carmen Miranda acompanhada de choro e coro.
Número da Matriz: 50450-3
Gravado a 12 de agosto de 1930

**DISCO VICTOR Nº 33.371**

**NOTAS DE MÁRIO DE ANDRADE**
Na capa:
"57 = V. 33371"
"Mediocridades que chegam a ter interesse por causa duma flauta cem por cento nacional."

**REFERÊNCIAS NA LITERATURA MUSICAL DE MÁRIO DE ANDRADE**
Sobre Carmen Miranda, ver n. 92 neste catálogo. Sobre o lado A, ver n. 104.

# 48

◆ **LADO A**

CHAGAS, Agnelo. "Já não te lembras": Modinha. Agnelo Chagas e Rogério Guimarães.
Número da Matriz: 50441-2
Gravado a 10 de agosto de 1930

◆ **LADO B**

CHAGAS, Agnelo. "Ilusão": Modinha. Agnelo Chagas e Rogério Guimarães.
Número da Matriz: 50440-3
Gravado a 10 de agosto de 1930

**DISCO VICTOR Nº 33.373**

**NOTAS DE MÁRIO DE ANDRADE**

Na capa:
"15 = V. 33373 *ad hoc*"
"Modinhas"

**REFERÊNCIAS NA LITERATURA MUSICAL DE MÁRIO DE ANDRADE**

Sobre o lado A: "O problema dos *ee* surdos é incontestavelmente o que encontra menos soluções apropriadas na discografia nacional. O sr. Agnelo Chagas ('Já não te lembras', Victor, 33373) se salienta pelas vogais desastradas, pronunciando 'tê lembras', 'dô ranchinho', 'jurastê', 'caminhô', 'desde que ô abandonastê', 'pôrque', 'dê ti', 'dê-manhã ê dê-tardinha', 'êstá êscuro', 'coqueirô', 'têsperar'. Poucos serão assim tão ortográficos [...]"[43].

43 *Ibidem*, p. 130.

# 49

◆ **LADO A**
MOTA, Mota da. "São Benedito é ôro só": Jongo. Mota da Mota acompanhado de instrumentos típicos e coro.
Número da Matriz: 50490-2
Gravado a 18 de setembro de 1930

◆ **LADO B**
MOTA, Mota da. "Eu vou girá": Jongo. Mota da Mota acompanhado de instrumentos típicos e coro.
Número da Matriz: 50491-2
Gravado a 18 de setembro de 1930

**DISCO VICTOR Nº 33.380**

**NOTAS DE MÁRIO DE ANDRADE**
Na capa:
"13 = V. 33380"
"Disco de primeira ordem. Notar a nasalação do solista em 'Eu vô girá'. Em ambos a adaptação individualista foi perfeita, não descaracterizou nada."[44]

**REFERÊNCIAS NA LITERATURA MUSICAL DE MÁRIO DE ANDRADE**
Sobre o lado A: "A outra obra-prima do terno é o 'São Benedito é ôro só', de Mota da Mota, sem dúvida aproveitando temas nordestinos. Que saudades que me deu, Recife, cair do frevo, ou então, lá prás bandas do trem de ferro, sambando com os negros do Leão Coroado, até fugir num último esbafo, pedindo a bênção pra cachorro e chamando gato de tio... O disco é uma adaptação admirável dos processos musicais de maracatus, conseguindo, sem descaracterizar nada, tirar os defeitos da manifestação popular, em principal o excesso desequilibrado da percussão que chega às vezes a impedir totalmente que se escute a linha da melodia. No disco, não; a introdução discreta dum instrumento de cordas dedilhadas, na percussão é duma graça deliciosa, o percuciente da voz solista, quase tão excelente na sua nasalação como o maravilhoso solista do 'Vamo apanhá limão', a bonita cor de segundo plano do coral, tudo concorre pra fazer desse disco uma das

44 Na capa da duplicata, Mário de Andrade anotou à tinta: "226 = V. 33380".

obras-primas da discação nacional"[45]. "Mais vagas, ao nosso ver, como regionalismo de caráter vocal, ainda surgem numerosos cantores brasileiros. É, por exemplo, o sr. Mota da Mota ('Vou girá', Victor 33380), embora exagere um pouco a maneira rural de entoar [...]"[46]. Ver n. 7 neste catálogo. Ver também *Compêndio*, p. 184; "A música e a canção", p. 170; e "A música no Brasil", p. 20.

45 Ver "Carnaval tá aí", no "Apêndice", pp. 251-2.

46 Mário de Andrade, "A pronúncia cantada", *op. cit.*, p. 138.

# 50

◆ **LADO A**
OTERO, Félix de e CARVALHO, Vicente de. "A flor e a fonte": Canção. Carmen Gomes e orquestra de salão.
Gravado a 26 de setembro de 1930

◆ **LADO B**
COSTA, Alberto e GUARANÁ, Luís. "Prece": Canção. Carmen Gomes e orquestra de salão.
Gravado a 26 de setembro de 1930

**DISCO VICTOR Nº 33.392**

**NOTAS DE MÁRIO DE ANDRADE**
Na capa:
"18 = V. 33392"
"Se a 'Prece' fosse assinada por Puccini, estaria entre as coisas boas dele, passagem da Manon Lescaut etc. O que mais ou menos prova que Puccini está ao alcance de todos."

**REFERÊNCIAS NA LITERATURA MUSICAL DE MÁRIO DE ANDRADE**
Sobre Carmen Gomes: "O estudo dos discos de canto nacional abre desde logo uma distância amarga e ilegítima entre os cantores eruditos e os cantores... naturais. Se ouvimos, por exemplo, os agradáveis cantares da sra. Abigail Alessio ('Meu Amor', Columbia, 5003-B), não poderemos mais saber onde o Brasil reside.
Não é exemplo isolado. Se estudarmos a sra. Carmen Gomes (Victor 33392), também não ouviremos timbre de Brasil. E a dicção é absolutamente desnorteante. Na 'Flor e a fonte' ouviremos 'par'ô mar' em vez de 'par'u mar'; 'rapida ê frria', 'brranca', 'ê os restos' em vez de 'i us restus', além duma abrupta evanescência de *ss* finais. Na outra face do disco, então, como o texto não nos é conhecido, a audição percebe apenas adivinhar completamente a poesia. [...]"[47].
Sobre o lado A, ver "A música no Brasil", p. 23. Ver também n. 4 neste catálogo.

47 *Ibidem*, p. 114.

# 51

◆ **LADO A**

LOURENÇO, Manoel Rodrigues. "Rebentô a revolução": Moda de viola. Manoel Rodrigues Lourenço e Olegário de Godói com viola.
Número da Matriz: 65023-1
Gravado a 18 de novembro de 1930

◆ **LADO B**

LOURENÇO, Manoel Rodrigues. "Isidoro já vortô": Moda de viola. Manoel Rodrigues Lourenço e Olegário de Godói com viola.
Número da Matriz: 65024-1
Gravado a 18 de novembro de 1930

**DISCO VICTOR Nº 33.394**

**NOTAS DE MÁRIO DE ANDRADE**

Na capa:
"44 = V. 33394"
"'Rebentô a revolução' é uma obra-prima como poesia."

**REFERÊNCIAS NA LITERATURA MUSICAL DE MÁRIO DE ANDRADE**

"Boi
Provérbio
Todo bezerro velho
Tem mesmo que desmamá
Disco Victor 33394-B
O Getúlio foi eleito
Pelo Partido liberá
Todos os bezerro v...
T..."[48]

Sobre o lado B, ver *Dicionário*, verbete "moda". Ver também "A música e a canção", p. 170.

48 *Melodias do boi*, envelope Provérbios, fl. de caderneta de bolso, 10,6 x 6,7 cm, lápis preto.

# 52

◆ **LADO A**
DIAS, Zico e FERRINHO. "Revolução Getúlio Vargas": Moda de viola. Zico Dias e Ferrinho com viola.
Número da Matriz: 65025-2
Gravado a 19 de novembro de 1930

◆ **LADO B**
DIAS, Zico e FERRINHO. "A morte de João Pessoa". Zico Dias e Ferrinho com viola.
Número da Matriz: 65027-2
Gravado a 19 de novembro de 1930

**DISCO VICTOR Nº 33.395**

**NOTAS DE MÁRIO DE ANDRADE**
Na capa:
"43 = V. 33395"
"Disco admirável. Boa gravação e as duas vozes bem equilibradas e características. As músicas muito características também, especialmente a face B, em que a moda aparece na sua forma mais rica, com introdução vocal (alto da moda), com interceptações de respiro e consequente ponteio instrumental de enchimento, no próprio corpo das estrofes. Notar ainda o neuma 'Ai-ni-na-rai' que é raro. Enfim um exemplar que apresenta a monótona moda caipira na sua expressão mais rica, mais evolucionada."

**REFERÊNCIAS NA LITERATURA MUSICAL DE MÁRIO DE ANDRADE**
Sobre o lado A: "[...] Ao falar na evolução da palavra modinha, vinda de moda apenas por diminutivo acariciante que acabou se fixando como gênero definido de canção, dizer que essa transição semântica do termo se surpreende bem no caipira paulista Zico Dias (disco Victor 33395), cantador de modas, a que chama de fato 'modas', mas que nas palavras das modas desse disco, fala que 'ao cantar esta modinha'. O mesmo fenômeno semântico surpreendi entre os caipiras com que privei uma semana na barranca do Moji"[49].
Sobre o lado A, ver "A música no Brasil", p. 23. Ver também *Compêndio*, p. 185; e "A música e a canção", p. 170.

49 Mário de Andrade, *Dicionário musical brasileiro*, *op. cit.*, p. 347.

# 53

◆ **LADO A**
FERNANDES, Sílvio (Brancura) e Maciste da Mangueira. "Deixa essa mulher chorar": Samba. Mário Reis e Francisco Alves com Orquestra Copacabana.
Número da Matriz: 3969
Gravado a 9 de setembro de 1930

◆ **LADO B**
SANTOS, Lauro dos [Gradim]. "Quá-quá-quá": Samba. Mário Reis e Francisco Alves com Orquestra Copacabana.
Número da Matriz: 3976-1
Gravado a 10 de setembro de 1930

**DISCO ODEON Nº 10.715**
Lançamento: dezembro de 1930

**NOTAS DE MÁRIO DE ANDRADE**
Na capa:
"31 = O.10715 *ad hoc*"
"Deixa esta mulher chorar."

**REFERÊNCIAS NA LITERATURA MUSICAL DE MÁRIO DE ANDRADE**
Sobre o lado A: "O caso do sr. Mário Reis parece colocar-se no polo oposto ao dessa dicção ortográfica da 'felicidade'. Tanto na marchinha 'Deixa esta mulher chorar' (Odeon, 10715) como em outro disco Odeon (n. 10569) leva ao exagero a pronúncia normal, buscando familiarizá-la, mas na verdade, viciando-a bastante. Os seus *ee* surdos em 'filiz' e 'inquanto' já não são propriamente *ee* surdos, mas verdadeiros *ii* abertos, de perigosa e nova desnaturação"[50].
Ver n. 27 neste catálogo. Ver também *Compêndio*, p. 184.

50 Mário de Andrade, "A pronúncia cantada", *op. cit.*, p. 130.

# 54

◆ LADO A
DIAS, Elói Antero. "Não vai no candomblé": Samba. Conjunto Africano com acompanhamento.
Gravado a 9 de setembro de 1930

◆ LADO B
SILVA, Getúlio Marinho da (Amor). "Não quero teu amor": Samba. Conjunto Africano com acompanhamento.
Gravado a 9 de setembro de 1930

**DISCO ODEON Nº 10.719**
Lançamento: dezembro de 1930

**NOTAS DE MÁRIO DE ANDRADE**
Na capa:
"241 = O. B. 10719"
"Não quero o teu amor."

**REFERÊNCIAS NA LITERATURA MUSICAL DE MÁRIO DE ANDRADE**
Ver *Música de feitiçaria*, pp. 27 e 252; e *Compêndio*, p. 184.

# 55

◆ **LADO A**
BARRETO, M. G. "Santista": Samba. Quarteto dos Calungas.
Número da Matriz: 50487-1
Gravado a 16 de setembro de 1930

◆ **LADO B**
BARRETO, M. G. "Chora nenê": Toada paulista. Quarteto dos Calungas.
Número da Matriz: 50486-2
Gravado a 16 de setembro de 1930

**DISCO VICTOR Nº 33.381**
Lançamento: 1930

**NOTAS DE MÁRIO DE ANDRADE**
Na capa:
"53 = V. 33381 *ad hoc*"
"O samba, como estilo, é anterior aos atuais, com fraseologia entrecortada, que se fixaram publicamente ali por 1925 e adjacências. Se aproxima dos maxixes ainda. A outra face é curiosíssima como organização urbana influenciada, ou melhor, oriunda da moda dos caipiras paulistas. A forma é de toada rural, mas o espírito, principalmente pelo canto sistematizadamente a duas vozes, revela a moda caipira."
"Chora, Nenê."

**REFERÊNCIAS NA LITERATURA MUSICAL DE MÁRIO DE ANDRADE**
Sobre o lado B: "Do nasal caipira, tão diverso do carioca e do nordestino, a discografia nacional oferece ótimas e numerosas provas. [...] Já na toada 'Chora nenê' [...] se surpreende o nasal caipira convertendo-se em timbração mais urbana [...]"[51].
Ver também n. 75.

51 *Ibidem*, p. 135.

# 56

◆ **LADO A**
PÉRET, Elsie Houston (arr.). "Eh! Jurupanã": Coco do Norte. Elsie Houston acompanhada por Hekel Tavares, João Pernambuco, Sampaio e Calazans (Jararaca).[52]
Número da Matriz: 380587
Gravado em dezembro de 1930

◆ **LADO B**
PÉRET, Elsie Houston (arr.). "Aribu": Coco do Norte. Elsie Houston acompanhada por Gaó, Zezinho e Chaves.
Número da Matriz: 380886
Gravado em dezembro de 1930

**DISCO COLUMBIA Nº 7.053**
Lançamento: 1930

**NOTAS DE MÁRIO DE ANDRADE**
Na capa:
"274 = C. B. 7053"

**REFERÊNCIAS NA LITERATURA MUSICAL DE MÁRIO DE ANDRADE**
Sobre o lado B, ver n. 39 e 57 neste catálogo.

52 A respeito do coco "Jurupanã", ver a "Introdução" a esta edição, pp. 24-5.

# 57

◆ **LADO A**
PÉRET, Elsie Houston (arr.).
a) "Coco dendê trapia".
b) "Ai sabiá da mata": Coco do Norte. Elsie Houston acompanhada por Gaó, Zezinho, Jonas e Chaves.
Número da Matriz: 380885-1

◆ **LADO B**
PÉRET, Elsie Houston (arr.).
"Puxa o melão, sabiá": Canção pernambucana. Elsie Houston acompanhada por Gaó, Zezinho e Petit.
Número da Matriz: 380831-1

**DISCO COLUMBIA Nº 7.050**
Lançamento: 1930

**NOTAS DE MÁRIO DE ANDRADE**
Na capa:
"276 = C. B. 7050"

**REFERÊNCIAS NA LITERATURA MUSICAL DE MÁRIO DE ANDRADE**
Sobre o lado A, ver n. 39 e 56 neste catálogo.

# 58

◆ LADO A

CARVALHO, Lourival I. de. "Em alta madrugada": Choro. Louro: Solo de saxofone com acompanhamento de banjo e violão.
Número da Matriz: 65081-1
Gravado a 23 de dezembro de 1930

◆ LADO B

GRANY, Atílio. "Chorando sempre": Polca-choro. Atílio Grany: Solo de flauta com acompanhamento de violão.
Número da Matriz: 50458-1
Gravado a 19 de agosto de 1930

**DISCO VICTOR Nº 33.433**

**NOTAS DE MÁRIO DE ANDRADE**

Na capa:
"182 = V. 33433"
"Choros bem típicos – ótimo disco lado B."

**REFERÊNCIAS NA LITERATURA MUSICAL DE MÁRIO DE ANDRADE**

Ver *Compêndio*, p. 185; e "A música e a canção", p. 170.

# 59

◆ **LADO A**
CANDOMBLÉ: a) "Odurê". b) "Eriuá". Filhos de Nagô. Direção: Felipe Neri Conceição.
Número da Matriz: 3989

◆ **LADO B**
CANDOMBLÉ: c) "Canto de Exu". d) "Canto de Ogum". Filhos de Nagô. Direção: Felipe Neri Conceição.
Número da Matriz: 3990

**DISCO PARLOFON Nº 13.254**
Lançamento: janeiro de 1931

**NOTAS DE MÁRIO DE ANDRADE**
Na capa:
"38 = P. B. 13254"
"Disco interessantíssimo, de grande importância folclórica."

**REFERÊNCIAS NA LITERATURA MUSICAL DE MÁRIO DE ANDRADE**
Sobre o lado A, ver *Música de feitiçaria*, pp. 252 e 274.
Sobre o lado B, ver *Música de feitiçaria*, pp. 53, 55 e 274. Ver também *Compêndio*, p. 185; "A música e a canção", p. 170; e n. 63 neste catálogo.

# 60

◆ **LADO A**
BABO, Lamartine e ROSA, Noel. "A. B. Surdo": Marcha maluca. Olga Jacobino, Lamartine Babo com o Conjunto Vozes do Outro Mundo.
Número da Matriz: 131067-1

◆ **LADO B**
LOIOLA, Inácio G. de e RODRIGUES, Paulo. "É da lua": Samba. Inácio de Loiola com o Conjunto Vozes do Outro Mundo.
Número da Matriz: 131066-1

**DISCO PARLOFON Nº 13.273**
Lançamento: janeiro de 1931

**NOTAS DE MÁRIO DE ANDRADE**
Na capa:
"220 = P. B. 131066 (13273)"

**REFERÊNCIAS NA LITERATURA MUSICAL DE MÁRIO DE ANDRADE**
Sobre o lado B: "[...] O fenômeno, porém, das vogais abertas tem sua justificativa neste estudo por se generalizar bastante. [...] Embora com um *b* mais discreto e em meio duma ótima dicção nacional, o samba 'É da lua' (Parlophon, 13273) volta a nos presentear com um 'Bàía', um 'bàrulho' e um 'é dà lua' que, sem serem, no caso, nordestinismos regionais, são de bastante caráter musical nosso. Na mesma peça, aliás, ainda se recolhe um 'sâmbà' com o a postônico excessivamente claro, sem cair em qualquer acento de ordem musical"[53]. Ver também *Compêndio*, p. 184.

53 Mario de Andrade, "A pronuncia cantada", *op. cit.*, p. 131.

# 61

**◆ LADO A**

CARVALHO, Joubert de. "Eu sou do barulho": Marcha carnavalesca. Carmen Miranda com orquestra e coro.
Número da Matriz: 65055-2
Gravado a 11 de dezembro de 1930

**◆ LADO B**

CARVALHO, Joubert de. "Quero ver você chorar": Marcha. Carmen Miranda com orquestra e coro.
Número da Matriz: 65056-2
Gravado a 11 de dezembro de 1930

**DISCO VICTOR Nº 33.397**
Lançamento: janeiro de 1931

**NOTAS DE MÁRIO DE ANDRADE**
Na capa:
"55 = V. 33397"
"Carnaval de 1931."

**REFERÊNCIAS NA LITERATURA MUSICAL DE MÁRIO DE ANDRADE**
Sobre Carmen Miranda, ver n. 92 neste catálogo.

# 62

◆ **LADO A**
AIMBERÊ, J. "Eu sou feliz": Samba. Otília Amorim e orquestra.
Número da Matriz: 65089-2
Gravado a 30 de dezembro de 1930

◆ **LADO B**
AIMBERÊ, J. "Nego bamba": Samba-batuque. Otília Amorim e orquestra.
Número da Matriz: 65090-2
Gravado a 30 de dezembro de 1930

**DISCO VICTOR Nº 33.413**
Lançamento: janeiro de 1931

**NOTAS DE MÁRIO DE ANDRADE**
"42 = V. 33413"
"Muito bom."

**REFERÊNCIAS NA LITERATURA MUSICAL DE MÁRIO DE ANDRADE**
Sobre o lado A: "[...] Se vamos ouvir a sra. Otília Amorim ['Sou feliz'], só temos a deplorar que, no meio duma dicção bem apropriada, apareça a 'fêlicidade', com *e* fechado em vez de surdo. [...]"[54].
Sobre o lado B: "Nos maxixes e sambas cariocas, chamam de contra-solo aos pequenos movimentos puramente instrumentais, no geral grandemente providos de percussão, que estão nas intercadências da linha cantada. É um característico 'contra-solo' o trecho do 'Nego bamba' (Disco Victor nº 33413), o trecho de tamborim que está entre as frases: 'Bom no maxixe e bom no tamborim' e 'Mandei fazê um despacho' (1931)"[55].
Ver n. 65 neste catálogo. Ver também *Compêndio*, p. 184; e "A música e a canção", p. 171.

54 *Ibidem*, p. 129.

55 Mário de Andrade, *Dicionário musical brasileiro*, *op. cit.*, p. 347.

# 63

◆ **LADO A**
CARVALHO, J. B. de. "E vem o Sol": Batuque de macumba. João Carvalho, Conjunto Tupi. Gravado a 9 de janeiro de 1931

◆ **LADO B**
CARVALHO, J. B. de. "Na minha terreira": Batuque de macumba. João Carvalho, Conjunto Tupi.
Gravado a 12 de janeiro de 1931

**DISCO VICTOR Nº 33.420**
Lançamento: 1931

**NOTAS DE MÁRIO DE ANDRADE**
Na capa:
"37 = V. 33420"
"A – 'E vem o Sol'. Tenho variante da melodia da face A, que é popular."

**REFERÊNCIAS NA LITERATURA MUSICAL DE MÁRIO DE ANDRADE**
Sobre o lado A: "37 – 'E vem o Sol' / É uma das poucas linhas tradicionais de macumba que conheço. Como disse, já foi recolhida por compositores diferentes e por mim. Notar no início do disco o assobio de caráter exorcístico, usado pra afastar os espíritos maus. [...][56].
Não será, porém, necessário apelar para o testemunho dos autores para provar a forte nasalidade de pronúncia afro-brasileira. [...] Em 'E vem o Sol' (Victor, 33420) bem como no 'Xô Xuringa' (Victor, 33573) também temos bons e característicos exemplos de nasal negro tanto falado como cantado. [...]"[57].
Ver n. 91 neste catálogo. Ver também *Compêndio*, p. 185; e *Música de feitiçaria*, pp. 158, 193, 252 e 274.

56 Mário de Andrade, *Música de feitiçaria no Brasil*, *op. cit.*, p. 134.

57 Mário de Andrade, "A pronúncia cantada", *op. cit.*, p. 136.

# 64

◆ **LADO A**
DIAS, Zico e FERRINHO. "Adeus campinas das flor": Moda de viola. Zico Dias e Ferrinho com violão.
Gravado a 21 de maio de 1930

◆ **LADO B**
DIAS, Zico e FERRINHO. "Os canário estão cantando": Moda de viola. Zico Dias e Ferrinho com viola.
Gravado a 21 de maio de 1930

**DISCO VICTOR Nº 33.299**
Lançamento: fevereiro de 1931

**NOTAS DE MÁRIO DE ANDRADE**
Na capa:
"34 = V. 33299"

**REFERÊNCIAS NA LITERATURA MUSICAL DE MÁRIO DE ANDRADE**
Sobre o lado A, ver *Dicionário*, verbete "alto da moda". Ver também *Compêndio*, p. 185; e "A música e a canção", p. 170.

# 65

**◆ LADO A**

AIMBERÊ, J. "Desgraça pouca é bobage": Samba. Otília Amorim e orquestra.
Número da Matriz: 65049-1
Gravado a 10 de dezembro de 1930

**◆ LADO B**

D'ÉPIRO, Clínio J. e LIMA, Vicente de. "Vou te levar": Marcha. Otília Amorim e Pilé com orquestra.
Número da Matriz: 65059-2
Gravado a 10 de dezembro de 1930

**DISCO VICTOR Nº 33.404**
Lançamento: fevereiro de 1931

**NOTAS DE MÁRIO DE ANDRADE**
Na capa:
"40 = V. 33404"

**REFERÊNCIAS NA LITERATURA MUSICAL DE MÁRIO DE ANDRADE**
"[...] Tenho aqui comigo os discos de Carnaval lançados agora pela fábrica Victor, e encontro no meio deles, entre as mesmas mediocridades de sempre, três discos de valor artístico e excepcional. Não sei se terão sucesso popular e ficarão na memória das ruas carnavalescas, o povo é sempre um segredo. Ora acata o bom, ora o pior, dominado por uma lei secreta que pelo menos por enquanto ninguém não descobriu. Não posso augurar nada pois, mas nada impede que sejam estes três discos, das coisas melhores da discagem popular nacional. Dois deles representam bem o Rio, o terceiro é todo o Nordeste carnavalesco: *Nego bamba* (33413), *Desgraça pouca é bobage* (33404), e *São Benedito é ôro só* (33380).
Dos dois primeiros preciso guardar o nome do compositor, J. Aimberê, que será talvez o substituto de Sinhô, não sei. Estas obras deles são curiosíssimas. Pegou bem aquela maneira de seccionar constantemente as frases do canto, coisa que Sinhô tinha com admirável habilidade e em que o nosso canto maxixeiro de procedência negra vai coincidir curiosamente com o processo improvisatório vocal dos blues afro-ianques. Mas não é apenas pela música que *Nego bamba* e *Desgraça pouca* são

esplêndidos. São na realidade discos perfeitíssimos como riqueza e caráter orquestral, como escolha de sonoridades vocais e como gravação. A fábrica Victor tem hesitado e mesmo errado bastante nas suas gravações brasileiras. Diante de sonoridades novas, de processos novos de cantar, era natural, os técnicos norte-americanos que vieram para cá se desnortearam. Muitos foram os insucessos, em principal pela má disposição dos instrumentos ante o microfone. Especialmente nas cantigas e danças com viola, só ultimamente, ao cantar do delicioso piracicabano Zico Dias, é que a fábrica Victor conseguiu algum equilíbrio e discos bons. Nestes agora a gravação já é perfeita.
E quem merece ainda todos os aplausos é a cantora, Otília Amorim, cuja voz gasta e admiravelmente expressiva... do que se trata, soube tirar efeitos magníficos, principalmente no 'Nego bamba', que, no gênero, é incontestavelmente uma obra-prima."[58]

Ver n. 49 e 62 neste catálogo.

Sobre o lado A, ver *Dicionário*, verbete "fuzuê". Ver também *Compêndio*, p. 184; e "A música e a canção", p. 170.

58 Ver "Carnaval tá aí", no "Apêndice", pp. 250-1.

# 66

**◆ LADO A**
TUPINAMBÁ, Marcelo e CASTELO NETO (Sivan). "Eu hei de ser de você": Toada. Mário Araújo e orquestra. Marcelo Tupinambá ao piano. Gravado a 11 de dezembro de 1930

**◆ LADO B**
TUPINAMBÁ, Marcelo e AZEVEDO, Hélio de. "Viola mimosa": Canção. Mário Araújo e orquestra. Marcelo Tupinambá ao piano. Gravado a 11 de dezembro de 1930

**DISCO VICTOR Nº 33.405**
Lançamento: fevereiro de 1931

**NOTAS DE MÁRIO DE ANDRADE**
Na capa:
"16 = V. 33405 *ad hoc*"
"Gostosura banal sem valor."

**REFERÊNCIAS NA LITERATURA MUSICAL DE MÁRIO DE ANDRADE**
Sobre Mário Araújo, ver n. 119 neste catálogo. Ver também *Compêndio*, p. 185.

# 67

◆ **LADO A**
CALDAS, Sílvio. "Baianinha": Marcha. Sílvio Caldas acompanhado de choro e coro.
Número da Matriz: 65077-1-3
Gravado a 22 de dezembro de 1930

◆ **LADO B**
COSTA, José Luís da (Príncipe Pretinho). "Gamela quebrada": Samba. Sílvio Caldas acompanhado de choro e coro.
Número da Matriz: 65058-1
Gravado a 13 de dezembro de 1930

**DISCO VICTOR Nº 33.407**
Lançamento: fevereiro de 1931

**NOTAS DE MÁRIO DE ANDRADE**
Na capa:
"56 = V. 33407"

**REFERÊNCIAS NA LITERATURA MUSICAL DE MÁRIO DE ANDRADE**
Sobre o lado A, ver n. 90 e 104 neste catálogo.

# 68

◆ **LADO A**
ALMEIDA, Cícero de (Baiano). "Samba de reúna": Samba. Sílvio Caldas acompanhado de choro e coro.
Número da Matriz: 50334-2
Gravado a 18 de junho de 1930

◆ **LADO B**
GUIMARÃES, Rogério. "Vira as butuca": Samba. Sílvio Caldas acompanhado de choro.
Número da Matriz: 65073-2
Gravado a 20 de dezembro de 1930

**DISCO VICTOR Nº 33.408**
Lançamento: fevereiro de 1931

**NOTAS DE MÁRIO DE ANDRADE**
Na capa:
"61 = V. 33408"

**REFERÊNCIAS NA LITERATURA MUSICAL DE MÁRIO DE ANDRADE**
Sobre o coro (lado A): "Mas os próprios coros nacionais, mesmo cariocas, se aprimoram em dizer ortograficamente o *e* surdo. No 'Samba de reúna' (Victor, 33408) o coro canta fechadamente 'êim' por 'im' na frase 'Em Mangueira também tem'. Nos corais paulistas, tais confusões inda se defendem um pouco enquanto não tivermos fixado uma língua-padrão para o canto nacional"[59].

59 Mário de Andrade, "A pronúncia cantada", *op. cit.*, p. 131.

# 69

◆ **LADO A**

MORAES, José Luís de (Caninha). "Sinhá": Canção. Menino Floriano Belham acompanhado de dois violões.
Número da Matriz: 65038-3
Gravado a 22 de novembro de 1930

◆ **LADO B**

NEVES, Cândido das. "Cinzas de amor": Canção. Menino Floriano Belham acompanhado de dois violões.
Número da Matriz: 65039-1
Gravado a 22 de novembro de 1930

**DISCO VICTOR Nº 33.410**
Lançamento: fevereiro de 1931

**NOTAS DE MÁRIO DE ANDRADE**
Na capa:
"20 = V. 33410 *ad hoc*"
"O cantor era menino quando gravou isto."

**REFERÊNCIAS NA LITERATURA MUSICAL DE MÁRIO DE ANDRADE**
Sobre o lado A: "Não poderemos nesta comunicação ['A pronúncia cantada e o problema do nasal brasileiro...'], que se limita a observações de ordem geral, entrar em peculiaridades e curiosidades individualistas do nosso dizer. O fenômeno, porém, das vogais abertas tem sua justificativa neste estudo, por se generalizar bastante. Se observarmos, por exemplo, o sr. Floriano Belham quando era inda menino o contraltista, na 'Sinhá' (Victor, 33410) surpreenderemos, além do admirável nasal, algumas vogais não tônicas, discretamente abertas e que, apesar das afirmativas em contrário, nos querem parecer bem nacionalmente timbradas. Também a sra. Carmen Miranda em 'Pra você gostar de mim' (Victor, 33263) concorre com um 'no ámor' mais discutivelmente nacional. É de crer-se talvez que, no canto, essas vogais abertas de cantores solistas não derivem da maneira inculta do cantar carioca, mas antes seja uma consequência de fortes acentuações. [...]"[60].
Ver n. 26 neste catálogo.

60 *Ibidem*, p. 132.

# 70

◆ **LADO A**
FRANÇA, Otávio e AMORIM, Otília. "Sem você": Samba. Otília Amorim com orquestra e coro.
Número da Matriz: 65109-2
Gravado a 5 de fevereiro de 1931

◆ **LADO B**
MARTINS, João e PESSOA, M. "Mangueira": Samba. Otília Amorim com orquestra e coro.[61]
Número da Matriz: 65110-2
Gravado a 5 de fevereiro de 1931

**DISCO VICTOR Nº 33.423**
Lançamento: fevereiro de 1931

**NOTAS DE MÁRIO DE ANDRADE**
Na capa:
"12 = V. 33423"
"Sem você, é bem melhor."

**REFERÊNCIAS NA LITERATURA MUSICAL DE MÁRIO DE ANDRADE**
Sobre o lado B: "Começou-se publicamente a generalizar a palavra [batucada] por 1930. Alguns a explicam como entre o samba e a marcha carnavalesca. Em disco Victor (33423), o samba 'Mangueira' fala em 'batucada' equivalendo-o, pois, ao samba. Numa peça de Sinhô (J. B. Silva), 'Cais dourado' (disco Victor 33211), vem 'batucada' numa enumeração de danças. E também a palavra 'Sambador', o que dança samba. Instrumento obrigatório na batucada (na medida em que é obrigatória uma usança popular urbana) é o tamborim. 'E na batucada/Onde impera o tamborim' (Disco Victor 33524, 'Deixa a nega pená')"[62].
Ver n. 14 e 85 neste catálogo. Ver também *Compêndio*, p. 184.

61 Alcino Santos *et al.*, em: *Discografia brasileira – 78 rpm: 1902-1964*, *op. cit.*, não consignam a parceria de M. Pessoa no lado B.

62 Mário de Andrade, *Dicionário musical brasileiro*, *op. cit.*, p. 52.

# 71

◆ **LADO A**
BARRO, João de. "Cena carioca": Pregões. Francisco Alves e Orquestra Copacabana.
Número da Matriz: 4218
Gravado a 23 de abril de 1931

◆ **LADO B**
BRITO, Henrique e BARRO, João de. "Folhas murchas": Valsa. Francisco Alves e Orquestra Copacabana.
Número da Matriz: 4219
Gravado a 23 de abril de 1931

**DISCO ODEON Nº 10.800**
Lançamento: abril de 1931

**NOTAS DE MÁRIO DE ANDRADE**
Na capa:
"221 = O. B. 10.800"
"A 'Cena carioca' foi inspirada pelo 'Vendedor de amendoim' ianque-cubano que se tornou popular também aqui. Mas, afora certos tiques de orquestração, a invenção é nossa, inspirada nos cantos dos vendedores ambulantes cariocas."

**REFERÊNCIAS NA LITERATURA MUSICAL DE MÁRIO DE ANDRADE**
Sobre o lado A: "Bem, me esqueci que estava falando de música. Pois os americanos descobriram certos efeitos curiosos e músicas bonitas afro-cubanas e criaram o 'rumba-fox', que, a meu ver, vale principalmente pelos novos efeitos com que enriquece a orquestra do jazz. Está claro que os brasileiros logo fizeram rumbas e até os efeitos sinfônicos do nosso gostoso choro estão se modificando com a introdução de instrumentos novos. Eu já possuía o 'Manicero' cubano quando, de repente, comecei escutando por aí uma peça lindíssima de jazz, o 'Vendedor de amendoim', utilizando e, franqueza, melhorando o tradicional pregão cubano. Não demorou muito a Victor (1)[63] do Brasil lançava no mercado aquele disco que, apesar de alguma banalidade, é uma coisa deliciosíssima,

63 (1) Chamada de nota de Mário de Andrade, com anotação na margem do texto: "Columbia". O autor desfaz seu equívoco quando corrige o texto, com o propósito de incluí-lo em obra que projeta por volta de 1942, *Artigos de música* – que, contudo, ele não chega a estruturar definitivamente.

a 'Cena carioca'. E desde então, via New York, os cubanos reprincipiaram de novo fecundando a música do Brasil. Mas não faz mal, não. Como da primeira feita, a influência vai sendo utilíssima, produzindo peças admiráveis, como essa quase obra-prima que é a batucada 'Já andei', que também as vitrolas vivem por aí martelando. Ou 'costurando', pra se ficar mais próximo da agulha"[64].
Ver n. 79 neste catálogo e *Compêndio*, p. 185.

64 Ver "Cuba, outra vez", no "Apêndice", pp. 248-9.

# 72

◆ LADO A
FANTASIA BRASILEIRA. TEMAS POPULARES INFANTIS. Arr.: Gabriel Migliori. Orquestra Sinfônica Victor Brasileira. Parte 1.
Número da Matriz: 65154-3
Gravado a 20 de abril de 1931

◆ LADO B
FANTASIA BRASILEIRA. TEMAS POPULARES INFANTIS. Orquestra Sinfônica Victor Brasileira. Parte 2.
Número da Matriz: 65155-2
Gravado a 20 de abril de 1931

**DISCO VICTOR Nº 33.435**
Lançamento: maio de 1931

**NOTAS DE MÁRIO DE ANDRADE**
Na capa:
"219 = V. 33435"

**REFERÊNCIAS NA LITERATURA MUSICAL DE MÁRIO DE ANDRADE**
Ver *Compêndio,* p. 185.

# 73

◆ **LADO A**
MAGNO, Antônio. "Homem que chora": Samba. Grupo Batutas Rioclarenses.
Número da Matriz: 50445-2
Gravado a 9 de agosto de 1930

◆ **LADO B**
MAGNO, Antônio. "Deixa a véia vadiá": Embolada. Grupo Batutas Rioclarenses.
Número da Matriz: 50444-2
Gravado a 9 de agosto de 1930

**DISCO VICTOR Nº 33.376**
Lançamento: julho de 1931

**NOTAS DE MÁRIO DE ANDRADE**
Na capa:
"218 = V. 33376"

**REFERÊNCIAS NA LITERATURA MUSICAL DE MÁRIO DE ANDRADE**
"[...] Ninguém ignora a desagradável pronúncia 'paulistinha quêrida' (Victor, 34036) do Carnaval de 1936. Caso curioso é o disco 'Homem que chora' (Victor, 33376) do grupo Batutas Rio-Clarenses, formado de homens de cor. Ouvem-se 'ti cônhêci' no passado e um *u* trocado por *ô* em 'môlher', dicção que só temos ouvido algumas vezes na boca de ítalo-paulistas [...]".[65]
Ver n. 140 neste catálogo. Ver também *Compêndio*, p. 184.

65 Mário de Andrade, "A pronúncia cantada", *op. cit.*, p. 131.

# 74

**NOTAS DE MÁRIO DE ANDRADE**
Na capa:
"201 = V. 33459"
"'Cadê Viramundo' é ótimo. A voz do negro é estupenda como caráter."

**REFERÊNCIAS NA LITERATURA MUSICAL DE MÁRIO DE ANDRADE**
Ver *Compêndio*, p. 184; e "A música e a canção", p. 170.
Sobre o Conjunto Tupi, ver n. 92 neste catálogo.

**◆ LADO A**
CARVALHO, J. B. de. "Cadê Vira-Mundo": Batuque. Conjunto Tupi.
Número da Matriz: 50444-2
Gravado a 8 de julho de 1931

**◆ LADO B**
CARVALHO, J. B. de e NASCIMENTO, P. "Bambaia": Cateretê. Conjunto Tupi.
Número da Matriz: 65188-2
Gravado a 8 de julho de 1931

**DISCO VICTOR Nº 33.459**
Lançamento: setembro de 1931

# 75

## NOTAS DE MÁRIO DE ANDRADE

Na capa:
"230 = C. B. 22052"
Ver também n. 55.

**◆ LADO A**

AUGUSTO, Aníbal (Garoto) e BARRETO, M. G. "Zombando da morte": Samba. M. G. Barreto e o Grupo dos Calungas.
Número da Matriz: 381062

**◆ LADO B**

BARRETO, M. G. e LUBITI. "Canto tétrico": Toada humorística. M. G. Barreto e o Grupo dos Calungas.
Número da Matriz: 381063

**DISCO COLUMBIA Nº 22.052**
Lançamento: outubro de 1931

# 76

◆ **LADO A**

CARVALHO, Joubert de e MARIANNO, Olegário. "De papo pr'o á": Rumba. Gastão Formenti e Orquestra típica.
Número da Matriz: 65226-2
Gravado a 28 de agosto de 1931

◆ **LADO B**

CARVALHO, Joubert de e MARIANNO, Olegário. "Zingara": Canção. Gastão Formenti e Orquestra. Direção: Rondon.
Número da Matriz: 65236-3
Gravado a 11 de setembro de 1931

**DISCO VICTOR Nº 33.469**
Lançamento: outubro de 1931

**NOTAS DE MÁRIO DE ANDRADE**
Na capa:
"231 = V. 33469"

**REFERÊNCIAS NA LITERATURA MUSICAL DE MÁRIO DE ANDRADE**
Ver *Compêndio*, p. 184.

# 77

◆ **LADO A**
RODRIGUES, Paulo e MARTINS, João. "Benedito": Samba. Paulo Rodrigues e o Grupo do Canhoto.
Número da Matriz: 65199-2
Gravado a 17 de julho de 1931

◆ **LADO B**
BARROSO, Ary. "Seu Manduca esfarrapado": Batuque. Paulo Rodrigues e "seu" Manduca com o Grupo do Canhoto.
Número da Matriz: 65231-3
Gravado a 5 de setembro de 1931

**DISCO VICTOR Nº 33.471**
Lançamento: outubro de 1931

**NOTAS DE MÁRIO DE ANDRADE**
Na capa:
"217 = V. 33471"
"Notar ainda aqui o  se introduzindo no dois-por-quatro em ambas as faces. Delicioso de cor orquestral."

**REFERÊNCIAS NA LITERATURA MUSICAL DE MÁRIO DE ANDRADE**
Ver *Compêndio*, p. 184; e "A música e a canção", p. 170.

# 78

◆ **LADO A**
SANTOS, Ernesto dos (Donga), BAIANA, João da e VIANNA, Alfredo (Pixinguinha). "Ha! Hu! Lahô!!": Samba do partido alto. Grupo da Guarda Velha.
Número da Matriz: 65269-2
Gravado a 27 de outubro de 1931

◆ **LADO B**
SANTOS, Ernesto dos (Donga), BAIANA, João da e VIANNA, Alfredo (Pixinguinha). "Patrão prenda seu gado": Chula raiada. Grupo da Guarda Velha.
Número da Matriz: 65270-2
Gravado a 27 de outubro de 1931

**DISCO VICTOR Nº 33.492**
Lançamento: dezembro de 1931

**NOTAS DE MÁRIO DE ANDRADE**
Na capa:
"236 = V. 33492"
"Disco notável que exemplifica bem as minúsculas variantes grupais duma forma coreográfica genérica, determinando denominações novas, riqueza de nomenclatura, chula raiada, samba do Partido Alto..."
"A chula raiada é uma obra-prima. Reparar que tem um certo ar de samba rural."

**REFERÊNCIAS NA LITERATURA MUSICAL DE MÁRIO DE ANDRADE**
"Melodias do boi
Introdução
Nomes de músicas
Se diminui agora, inda assim aparecem, como a chula raiada *Patrão prenda seu gado*. Victor 33492, de dezembro de 1931."[66]
"Melodias do boi
Introdução
*Patrão prenda seu gado*.
Disco Victor 33492."[67]
Sobre o lado A, ver *Dicionário*, verbete "samba do partido alto".
Sobre o lado B, ver *Dicionário*, verbete "chula raiada".
Ver também *Compêndio*, p. 184.

66 *Melodias do boi*, envelope Introdução, fl. de caderneta de bolso, 10,6 x 6,7 cm, lápis preto.

67 *Idem*.

# 79

**NOTAS DE MÁRIO DE ANDRADE**

Na capa:

"229 = V. 33497"

**◆ LADO A**

BRAGA, Francisco. "Satanás": Dobrado. Banda do Regimento de Fuzileiros Navais. Dir.: Tenente Antonio Rodrigues de Jesus.

Número da Matriz: 65256-1

Gravado a 15 de outubro de 1931

**◆ LADO B**

NASCIMENTO, Jessé. "Os navais em marcha": Marcha. Banda do Regimento de Fuzileiros Navais. Dir.: Tenente Antonio Rodrigues de Jesus.

Número da Matriz: 65257-1

Gravado a 15 de outubro de 1931

**DISCO VICTOR Nº 33.497**

Lançamento: dezembro de 1931

# 80

◆ **LADO A**

MOTA, Mota da. "Dentro da toca": Batuque. Mota da Mota acompanhado de instrumentos típicos e coro.
Número da Matriz: 65095-2
Gravado a 8 de janeiro de 1931

◆ **LADO B**

MOTA, Mota da. "Noite de São João": Jongo. Mota da Mota acompanhado de instrumentos típicos e coro.
Número da Matriz: 65016-2
Gravado a 11 de novembro de 1930

**DISCO VICTOR Nº 33.421**
Lançamento: 1931

**NOTAS DE MÁRIO DE ANDRADE**
Na capa:
"33 = V. 33421"
"Disco muito interessante. O batuque é realmente bonito. Notar o processo verso solista e refrão coral da outra face."

**REFERÊNCIAS NA LITERATURA MUSICAL DE MÁRIO DE ANDRADE**
Ver *Compêndio*, p. 184; e "A música e a canção", p. 170.

# 81

**NOTAS DE MÁRIO DE ANDRADE**
Na capa:
"134 = V. 33422"
"O barulho do aeroplano é feito assoprando num baixo-tuba. Esse lado é engraçado, o outro não presta."

**◆ LADO A**
FERRAZ, Plínio C. "Passeio aéreo": Humorismo. Plínio Ferraz e João Michalany.
Número da Matriz: 65004-1
Gravado a 4 de fevereiro de 1931

**◆ LADO B**
FERRAZ, Plínio C. "Cinema falado": Humorismo. Plínio Ferraz e seus companheiros.
Número da Matriz: 65108-2
Gravado a 4 de fevereiro de 1931

**DISCO VICTOR Nº 33.422**
Lançamento: 1931

# 82

**NOTAS DE MÁRIO DE ANDRADE**
Na capa:
"35 = V. 33425"
"Flor de maracujá."

**◆ LADO A**
TUPINAMBÁ, Marcelo e VIANA, Oduvaldo. "Sorriso de mulher": Canção. Abigail Maia e quarteto de cordas.
Número da Matriz: 65111-2
Gravado a 24 de fevereiro de 1931

**◆ LADO B**
TUPINAMBÁ, Marcelo e AMARAL, Amadeu. "Flor de maracujá": Canção. Abigail Maia e quarteto.
Número da Matriz: 65112-2
Gravado a 24 de fevereiro de 1931

**DISCO VICTOR Nº 33.425 – B**
Lançamento: 1931

# 83

**NOTAS DE MÁRIO DE ANDRADE**
Na capa:
"309 = O. B. 10815"

◆ **LADO A**
FREIRE JR. "Deusa": Modinha. Francisco Alves e Orquestra Copacabana.
Número da Matriz: 4250
Gravado a 12 de junho de 1931

◆ **LADO B**
FREITAS, José Francisco de e ROSSI, João. "Alma perversa": Tango. Francisco Alves e Orquestra Copacabana.
Número da Matriz: 4242
Gravado a 10 de junho de 1931

**DISCO ODEON Nº 10.815**
Lançamento: 1931

# 84

◆ LADO A
SANTOS, Ernesto dos (Donga), BAIANA, João da e VIANNA, Alfredo (Pixinguinha). "Já andei": Batucada. Grupo da Guarda Velha com refrão por Zaira Oliveira e Francisco Sena.
Número da Matriz: 65300-2
Gravado a 24 de novembro de 1931

◆ LADO B
SANTOS, Ernesto dos (Donga), BAIANA, João da e VIANNA, Alfredo (Pixinguinha). "Quê querê": Macumba carnavalesca. Grupo da Guarda Velha com refrão por Zaira Oliveira e Francisco Sena.
Número da Matriz: 65299-2
Gravado a 24 de novembro de 1931

**DISCO VICTOR Nº 33.509**
Lançamento: janeiro de 1932

**NOTAS DE MÁRIO DE ANDRADE**
Na capa:
"232 = V. 33509"
"Já andei"

**REFERÊNCIAS NA LITERATURA MUSICAL DE MÁRIO DE ANDRADE**
Sobre o lado A, ver *Compêndio*, p. 185. Ver também os n. 24 e 71 neste catálogo.

# 85

◆ **LADO A**
CORRÊA, Salvador. "Tava na roda do samba": Samba. Almirante, Bando de Tangarás e Trio T. B. T.
Número da Matriz: 65369-2
Gravado a 25 de janeiro de 1932

◆ **LADO B**
CARDOSO, Paulo. "Deixa a nega pená": Samba. Almirante, Bando de Tangarás e Trajano (segunda voz).
Número da Matriz: 65373-1
Gravado a 4 de fevereiro de 1932

**DISCO VICTOR Nº 33.524**
Lançamento: fevereiro de 1932

**NOTAS DE MÁRIO DE ANDRADE**
Na capa:
"234 = 33524"
"As duas faces trazem o ritmo ternário tomando todo um compasso dois-por--quatro. Isso recentemente apareceu na rítmica do samba carioca. Virá de influência cubana, onde é sistemático..."

**REFERÊNCIAS NA LITERATURA MUSICAL DE MÁRIO DE ANDRADE**
Sobre Almirante, ver n. 90 neste catálogo e *Compêndio*, p. 184.
Sobre o lado A, ver *Dicionário*, verbete "roda".
Sobre o lado B, ver n. 70 neste catálogo e *Dicionário*, verbete "tamborim".

# 86

◆ **LADO A**

AIMBERÊ, J. "Chorei, Nêga": Samba. Sílvio Caldas e orquestra.
Número da Matriz: 65075-2
Gravado a 20 de dezembro de 1930

◆ **LADO B**

NASCIMENTO, Jessé, TARANTO, Aldo e ANDRÉ FILHO. "Teu desprezo": Samba. Sílvio Caldas e orquestra.
Número da Matriz: 65078-1
Gravado a 22 de dezembro de 1930

**DISCO VICTOR Nº 33.424**
Lançamento: maio de 1932

**NOTAS DE MÁRIO DE ANDRADE**
Na capa:
"41 = V. 33424 *ad hoc*"
"Chora Nêga"

**REFERÊNCIAS NA LITERATURA MUSICAL DE MÁRIO DE ANDRADE**
Sobre o lado A: "A palavra 'feliz' que enumeramos é por certo das mais infelizes da dicção nacional. [...] O sr. Sílvio Caldas, no samba 'Chorei, Nêga' [...], que é aliás perfeitamente pronunciado, só num momento hesita e nos dá também o 'fêliz' com *e* fechado"[68]. Ver *Compêndio*, p. 184.

68 Mario de Andrade, "A pronuncia cantada", *op. cit.*, p. 129.

# 87

◆ **LADO A**
CORREIA, João Dória.
"Governadô": Embolada. Turma do Bonfim.
Número da Matriz: 65444-2
Gravado a 8 de abril de 1932

◆ **LADO B**
CORREIA, João Dória.
"Nazaréo": Samba do partido alto. Turma do Bonfim.
Número da Matriz: 65443-2
Gravado a 8 de abril de 1932

**DISCO VICTOR Nº 33.545**
Lançamento: maio de 1932

**NOTAS DE MÁRIO DE ANDRADE**
Na capa:
"238 = V. 33545"

**REFERÊNCIAS NA LITERATURA MUSICAL DE MÁRIO DE ANDRADE**
Ver *Compêndio*, p. 185.

# 88

◆ LADO A
PRAZERES, Heitor dos. “Ai que dor”: Samba. Grupo da Guarda Velha. Canto pelo Trio T. B. T.
Número da Matriz: 65487-1
Gravado a 12 de maio de 1932

◆ LADO B
ANDRÉ FILHO. “Como eu te amei”: Samba. Grupo da Guarda Velha. Canto pelo Trio T. B. T.
Número da Matriz: 65488-2
Gravado a 12 de maio de 1932

**DISCO VICTOR Nº 33.565**
Lançamento: junho de 1932

**NOTAS DE MÁRIO DE ANDRADE**
Na capa:
“224 = V. 33565”
“Ai que dor”

**REFERÊNCIAS NA LITERATURA MUSICAL DE MÁRIO DE ANDRADE**
Ver *Compêndio*, p. 184.

# 89

◆ LADO A

FERREIRA, Breno. "Andorinha preta": Embolada sobre motivos populares. Breno Ferreira acompanhado pelo Trio LND e conjunto regional.[69]
Número da Matriz: 381255

◆ LADO B

COSTA, Maximiano Francisco da. "Caçador ói": Cateretê. Breno Ferreira e Conjunto Urubatã.
Número da Matriz: 381250

**DISCO COLUMBIA Nº 22.136**
Lançamento: julho de 1932

**NOTAS DE MÁRIO DE ANDRADE**
Na capa:
"255 = C. B. 22136"
"Disco lindo, apesar do pistão indiscretíssimo do 'Caçador'. Notar a excelente liberdade rítmica na dicção da embolada."

**REFERÊNCIAS NA LITERATURA MUSICAL DE MÁRIO DE ANDRADE**
Ver *Compêndio*, p. 185.

69 Em 1942, a embolada de Breno Ferreira será a matriz poética de Mário de Andrade para a construção de sua "Embolada da ferrugem", uma das seções do libreto de *Café*. Ver "Eu victrolo, tu victrolas, ele victrola", neste livro, pp. 26-44.

# 90

◆ **LADO A**
ALMIRANTE, ANUNCIAÇÃO, Candoca da e VIDAL, Edmundo.
"Na gruta do feiticeiro": Toada. Almirante e Orquestra Victor Brasileira (Almirante, Homero Dornelas, Edmundo Vidal).
Número da Matriz: 65415-1
Gravado a 15 de março de 1932

◆ **LADO B**
ALMIRANTE, ANUNCIAÇÃO, Candoca da e BAIACO (arr.).
"É tumba": Batucada (motivos populares). Almirante e Orquestra Victor Brasileira (Almirante, Homero Dornelas, Edmundo Vidal).
Número da Matriz: 65501-1
Gravado a 30 de maio de 1932

**DISCO VICTOR Nº 33.572**
Lançamento: julho de 1932

**NOTAS DE MÁRIO DE ANDRADE**
Na capa:
"239 = V. 33572"

**REFERÊNCIAS NA LITERATURA MUSICAL DE MÁRIO DE ANDRADE**
Sobre o lado A: "Melódica / Gruta do feiticeiro / O refrão está em mi bemol menor, dando só quatro sons da escala sem semitom, o que autoriza pensar num pentafônico defectivo. Já o solo fixa a escala completa, mas visivelmente não se trata de tema realmente popular, embora seja muito bem popularescamente construído.
O disco é fabuloso como pedantismo de efeitos orquestrais que pretendem ser assustadores mas são só cômicos, e aliás deliciosos sinfonicamente falando. E novos, dignos de músico atual. / Victor 33572"[70].
Sobre o lado B: "A nasalação carioca enfim, ou carioquizada em cantores que se fixaram mais longamente no Rio e assimilaram a maneira carioca de cantar sambas e marchinhas, também concorre com discos numerosos a essa feira de nasalação nacional. Poderíamos lembrar nesse sentido os cantores Sílvio Caldas em 'Baianinha, vem cá' (Victor, 33407); Almirante na batucada 'É tumba' (Victor, 33572) com ótimos nasais no *a* de 'rial' e 'naval'; J. B. de Carvalho com sua voz amulatada em 'O Destino há de falar' (Victor, 33607) do Carnaval

70 Mário de Andrade, *Música de feitiçaria no Brasil*, *op. cit.*, p. 276.

de 1933; e ainda tendendo mais para o afro, as vozes de 'Auê' (Odeon, 10917) e face oposta, vozes bem típicas, abertas, angustiosas da gente dos morros que, quando desce pelos Carnavais, enche as pesadas noites cariocas de uma alegria lancinante"[71].

Ver n. 67, 98 e 103 neste catálogo. Ver também *Compêndio*, p. 185; e *Música de feitiçaria*, p. 53.

71 Mário de Andrade, "A pronúncia cantada", *op. cit.*, p. 138.

# 91

◆ **LADO A**
BAIANA, João da. "Vi o pombo gemê": Batucada. Grupo da Guarda Velha. Canto por Francisco Sena.
Número da Matriz: 65483-2
Gravado a 11 de maio de 1932

◆ **LADO B**
BAIANA, João da. "Xou Xuringa": Macumba. Grupo da Guarda Velha. Canto por Francisco Sena.
Número da Matriz: 65485-2
Gravado a 11 de maio de 1932

**DISCO VICTOR Nº 33.573**
Lançamento: julho de 1932

**NOTAS DE MÁRIO DE ANDRADE**
Na capa:
"254 = V. 33573"

**REFERÊNCIAS NA LITERATURA MUSICAL DE MÁRIO DE ANDRADE**
Sobre o lado B: "Melódica / Victor 33573 / Xou Xuringa / Mi maior completo / delícia de orquestração / O tema parece influenciado"[72].
Ver "A pronúncia cantada", p. 136; *Compêndio*, p. 185; e *Música de feitiçaria*, p. 160.

72 Mário de Andrade, *Música de feitiçaria no Brasil*, *op. cit.*, p. 252.

# 92

**◆ LADO A**
VIANA, Gastão e PIXINGUINHA. "No terreiro de Alibibi": Macumba. Conjunto Tupi.
Número da Matriz: 65511-2
Gravado a 10 de junho de 1932

**◆ LADO B**
VIANA, Gastão [e CARVALHO, J. B. de]. "Mironga de moça branca": Macumba. Conjunto Tupi.
Número da Matriz: 65494-2
Gravado a 14 de maio de 1932

**DISCO VICTOR Nº 33.586**
Lançamento: agosto de 1932

**NOTAS DE MÁRIO DE ANDRADE**
Na capa:
"252 = V. 33586"[73]

**REFERÊNCIAS NA LITERATURA MUSICAL DE MÁRIO DE ANDRADE**
Sobre o lado A: "[...] Outro exemplo característico [do emprego de escala pentafônica] é o disco 'No terreiro de Alibibi', verdadeira vitória da gravação Victor, talvez, como disco, a obra mais perfeita da gravação nacional. Não me furto ao prazer de citar essa maravilha. A melodia solista, duma incrível pureza, enunciada primeiro pela mulher e repetida depois pelo homem, é construída na escala sem semitons. Já o movimento coral que continua, e que emprega outra melodia, está num mi bemol maior completo, que sambiza o ambiente. Completo, falo, virtualmente, pois que a tônica está evitada como é costume nacional corrente, e no agudo, a sensível cede pra nossa clássica sétima abaixada"[74]. Sobre o Conjunto Tupi: "[...] Também às vezes as cantoras afro-brasileiras, quando excelentes, apresentam esses mesmos caracteres de nasalização, aflautado e limpidez. Mas o nasal não se entoa com maior fechamento da boca e o aflautado é mais tênue, mais delicado, como se poderá

73 Na capa da duplicata, Mário de Andrade anotou à tinta: "253 = V. 33586 // *ad hoc*"; "3 No terreiro"; "No Terreiro". Na capa da triplicata, também à tinta: "317 = V. 33586".

74 Mário de Andrade, *Música de feitiçaria no Brasil*, *op. cit.*, p. 54

observar na maravilhosa voz feminina que aparece no cântico 'No terreiro de Alibibi' [...]
[...] Ao passo que na voz feminina do Brasil os melhores exemplos, como o da sra. Lea Azevedo Silveira, o da Sra. Carmen Miranda, o da sra. Stefana de Macedo e a lindíssima voz do 'No terreiro de Alibibi', para citar quatro polos da voz feminina nacional, ao passo que em todas essas vozes há uma carícia, uma tenuidade, uma sensualidade perfeitamente femininas; os nossos cantores homens de voz mais essencialmente brasileira se caracterizam pela masculinidade vocal [...]"[75].

Ver n. 115 neste catálogo. Ver também "A música e a canção", p. 170; e *Música de feitiçaria*, pp. 167, 252 e 274[76].

75 Mário de Andrade, "A pronúncia cantada", *op. cit.*, pp. 126-7.

76 "No terreiro de Alibibi" é uma das melodias gravadas em disco que Mário de Andrade sugere a Oneyda Alvarenga incluir num cancioneiro infantil planejado em parceria com Clorinda Rosato. Ver Mário de Andrade e Oneyda Alvarenga, *Mário de Andrade e Oneyda Alvarenga: cartas*, *op. cit.*, p. 218. Carta de 5 mar. 1940.

# 93

◆ **LADO A**
GRANY, Atílio. "Aguenta Calunga": Choro. Atílio Grany – solo de flauta com violão e cavaquinho.
Gravado a 9 de abril de 1931

◆ **LADO B**
NEVES, Abelardo. "O galo enfezado": Choro humorístico. Conjunto Tupi dirigido por J. B. de Carvalho.
Gravado a 31 de outubro de 1932

**DISCO VICTOR Nº 33.597**
Lançamento: dezembro de 1932

**NOTAS DE MÁRIO DE ANDRADE**
Na capa:
"327 = V. 33597"
"'Galo enfezado' melhor por curiosidade. Outra face musicalmente melhor."

**REFERÊNCIAS NA LITERATURA MUSICAL DE MÁRIO DE ANDRADE**
Ver "A música e a canção", p. 170.

# 94

## NOTAS DE MÁRIO DE ANDRADE

Na capa:
"262 = V. 33600"
"Carnaval de 1932. Face A efeitos bons de puíta. Boa flauta face B."

**◆ LADO A**
LACERDA, Benedito, SILVA, Osvaldo e BATISTA, Wilson. "Por favor vai embora": Samba. Patrício Teixeira e Choro Victor.
Número da Matriz: 65594-3
Gravado a 10 de novembro de 1932

**◆ LADO B**
LACERDA, Benedito e VASQUES, Osvaldo. "Tenho uma nega": Samba. Patrício Teixeira e Choro Victor. Diretor: João Martins.
Número da Matriz: 65501-1
Gravado a 14 de novembro de 1932

**DISCO VICTOR Nº 33.600**
Lançamento: dezembro de 1932

# 95

◆ **LADO A**
VENTURA e BAIACO. “Vejo lágrimas”: Samba. Letra de Osvaldo Vasques. Antônio Moreira da Silva e Gente do Morro.
Número da Matriz: 381362-4

◆ **LADO B**
GOMES, Aurélio. “Arrasta a sandália”: Samba. Letra de Osvaldo Vasques. Antônio Moreira da Silva e Gente do Morro.
Número da Matriz: 381363-6

**DISCO COLUMBIA Nº 22.165**
Lançamento: dezembro de 1932

**NOTAS DE MÁRIO DE ANDRADE**
Na capa:
“261 = C. B. 22165”
“Vejo lágrimas é notável como dicção ruim e bom caráter vocal brasileiro. A nasalação é magnífica e a rítmica do fraseado estupenda. Carnaval de 1933.”

**REFERÊNCIAS NA LITERATURA MUSICAL DE MÁRIO DE ANDRADE**
Sobre o lado B: “Ainda nesse mesmo sentido, poderíamos citar o samba ‘Vejo lágrimas’ (Columbia, 22165-B), também do Carnaval de 1933. O solista, sr. Antônio Moreira da Silva, apresenta uma voz de timbração deliciosa, profundamente nossa, carioca, um nasal quente, sensual, bem ‘de morro’. A dicção está cheia de defeitos ortográficos e na própria entoação, embora uma vez só, fere--nos um ‘tãins’(tens) aportuguesado, insuportável no meio de tanta brasileirice de música e de timbre”[77].

77 Mário de Andrade, “A pronúncia cantada”, *op. cit.*, p. 138

# 96

◆ LADO A
LAUREANO [, Ochelsis].
"Muié sapeca": Moda de viola.
Laureano e Soares.

◆ LADO B
LAUREANO [, Ochelsis]. "O cravo": Moda de viola. Laureano e Soares.

**DISCO ARTE-FONE Nº 4.019**

**NOTAS DE MÁRIO DE ANDRADE**
Na capa:
"250 = A. 4019"[78]
"A forma de 'O cravo' é notável. Tem alto da moda com assunto simbólico ao reconto. Depois segue a moda com o assunto real do reconto, noutro movimento. O reconto é em versos pentassilábicos ao passo que o alto da moda em redondilhas maiores. No fim, como penúltima estrofe, se repete o alto da moda no assunto simbólico, tudo acabando com uma derradeira estrofe de reconto, no assunto real."

**REFERÊNCIAS NA LITERATURA MUSICAL DE MÁRIO DE ANDRADE**
Ver "A música e a canção", p. 170.

78 No interior da capa, datiloscrito com os versos das peças.

# 97

◆ **LADO A**

MARINHO, Getúlio (Amor).
"Na mata virgem": Macumba.
Moreira da Silva com Gente do Amor.
Gravado a 17 de junho de 1932

◆ **LADO B**

ALMEIDA, Cícero de (Baiano).
"Aruê de ganga": Macumba.
Moreira da Silva com Gente do Amor.
Gravado a 17 de junho de 1932

**DISCO ODEON Nº 10.925**
Lançamento: 1932

**NOTAS DE MÁRIO DE ANDRADE**
Na capa:
"264 = O. B. 10925"
"Aruê de ganga – 603, 66"

**REFERÊNCIAS NA LITERATURA MUSICAL DE MÁRIO DE ANDRADE**
"[...] Em 'Na mata virgem' (Odeon, 10925), aliás, tanto a voz masculina como a voz feminina estão excelentemente timbradas em nasal [...]".[79]
Ver *Música de feitiçaria*, pp. 252 e 262.

79 Mario de Andrade, "A pronuncia cantada", *op. cit.*, p. 136.

# 98

**• LADO A**
MARINHO, Getúlio (Amor).
"Auê": Macumba. Moreira da Silva com Gente do Amor.
Gravado a 20 de maio de 1932

**• LADO B**
MARINHO, Getúlio (Amor).
"Cafioto": Macumba. Moreira da Silva com Gente do Amor.
Gravado a 20 de maio de 1932

**DISCO ODEON Nº 10.917**
Lançamento: 1932

**NOTAS DE MÁRIO DE ANDRADE**
Na capa:
"240 = O. B. 10917"

**REFERÊNCIAS NA LITERATURA MUSICAL DE MÁRIO DE ANDRADE**
Sobre o lado A, ver n. 90 neste catálogo. Sobre o lado B: "Melódica / Odeon 10917 / 'Cafioto' em sol bemol maior completo / viciado mas lindo / 'Auê' mi bemol maior completo / viciado e banal / no gênero da toada"[80].

Ver *Compêndio*, p. 185.

80 Mário de Andrade, *Música de feitiçaria no Brasil*, *op. cit.*, p. 252.

# 99

◆ LADO A
MARINHO, Getúlio (Amor).
"Ererê": Ponto de macumba.
Antônio Moreira [da Silva]
(Mulatinho) com Gente do
Amor.
Número da Matriz: 4377
Gravado a 30 de novembro de
1931

◆ LADO B
MARINHO, Getúlio (Amor).
"Rei de umbanda": Ponto de
macumba. Antônio Moreira
(Mulatinho) com Gente do
Amor.
Número da Matriz: 4386
Gravado a 9 de dezembro de 1931

**DISCO ODEON Nº 10.878**
Lançamento: 1932

**NOTAS DE MÁRIO DE ANDRADE**
Na capa:
"235 = O. B. 10878"

**REFERÊNCIAS NA LITERATURA MUSICAL DE MÁRIO DE ANDRADE**
Ver *Compêndio*, p. 185, e *Música de feitiçaria*, pp. 231, 252, 253 e 274.

# 100

◆ **LADO A**
TORRES, Raul. "O tiê, o tiá": Embolada. Torres e seu Bando de Baitacas.

◆ **LADO B**
TORRES, Raul. "Bananeira": Batuque. Torres e seu Bando de Baitacas.

**DISCO ARTE-FONE Nº 4.023**
Lançamento: 1932

**NOTAS DE MÁRIO DE ANDRADE**
Na capa:
"249 = A. 4023"
"'Bananêra' pode ser tomado como exemplar cientificamente folclórico do samba rural paulista."

**REFERÊNCIAS NA LITERATURA MUSICAL DE MÁRIO DE ANDRADE**
Sobre o lado B: "Do nasal caipira tão diverso do carioca e do nordestino, a discografia nacional nos oferece ótimas e numerosas provas [...] Já na toada 'Chora nenê' (Victor, 33381) se surpreende o nasal caipira convertendo-se em timbração mais urbana; e no esplêndido registro que é o batuque 'Bananeira' (Arte-Fone, 4023) observa-se um nasal afro-caipira, já se afastando dos caipirismos de entoação e se aproximando do nasal afro-carioca. Aliás a dicção deste registro salienta ainda a constância das vogais abertas mesmo próximas de nasais, como 'bânanêra', 'cumpânhero' e outras mais"[81].
"[...] Às vezes a palavra (batuque) toma o sentido de forma músico-coreográfica. Assim no admirável *Bananeira* (disco Arte-Fone, 4023) que vem designado como batuque, e o próprio texto popular nele cantado só fala em batuque, quando é um legítimo samba rural paulista"[82].
Ver n. 55 neste catálogo; *Aspectos*, p. 200; e "A música e a canção", p. 170.

81 Mário de Andrade, "A pronúncia cantada", *op. cit.*, p. 135.

82 Mário de Andrade, *Dicionário musical brasileiro*, *op. cit.*, p. 53.

# 101

◆ LADO A
LAUREANO e SOARES. "A madrugada": Moda de viola. Laureano e Soares.

◆ LADO B
LAUREANO e SOARES. "O jogo do truco": Moda de viola. Laureano e Soares.

**DISCO ARTE-FONE Nº 4.079**
Lançamento: 1932

**NOTAS DE MÁRIO DE ANDRADE**
Na capa:
"251 = A. 4079"
"Parece que, quando a moda é em redondilhas, o ritmo é binário simples; quando em pentassilábicos, surge o binário composto."

**REFERÊNCIAS NA LITERATURA MUSICAL DE MÁRIO DE ANDRADE**
Ver "A música e a canção", p. 170.

# 102

◆ **LADO A**
LAUREANO [, Ochelsis].
"Moda dos tecelões": Moda de viola. Laureano e Soares.

◆ **LADO B**
LAUREANO [, Ochelsis]
"Revolta de S. Paulo": Moda de viola. Laureano e Soares.

**DISCO ARTE-FONE Nº 4.121**[83]
Lançamento: 1932

**NOTAS DE MÁRIO DE ANDRADE**
Na capa:
"259 = A. 4121"
"fins de 1932"

**REFERÊNCIAS NA LITERATURA MUSICAL DE MÁRIO DE ANDRADE**
Ver "A música e a canção", p. 170.

83 Cf. Alcino Santos *et al.*, *Discografia brasileira – 78 rpm: 1902-1964*, *op. cit.*, p. 469. A Arte-Fone "existiu em S. Paulo no início dos anos 30 [...]". A nota de Mário de Andrade, na capa de seu exemplar, pode auxiliar na cronologia da gravadora.

# 103

**◆ LADO A**
CARVALHO, J. B. de. "O destino há de falar": Samba. Conjunto Tupi com João Martins.
Gravado a 25 de outubro de 1932

**◆ LADO B**
CARVALHO, J. B. de. "Isto é que é": Samba. Conjunto Tupi com Francisco de Sena.
Gravado a 31 de outubro de 1932

**DISCO VICTOR Nº 33.607**
Lançamento: janeiro de 1933

**NOTAS DE MÁRIO DE ANDRADE**
Na capa:
"267 = V. 33607"
"Carnaval de 1933"

**REFERÊNCIAS NA LITERATURA MUSICAL DE MÁRIO DE ANDRADE**
Sobre o lado A, ver n. 90 neste catálogo.
Sobre o Conjunto Tupi, ver n. 92 neste catálogo.

# 104

◆ **LADO A**
SOUZA, Alberico de. "Bequinho": Choro. [Leão] Malamud ao clarinete, com Tute (violão) e Luperce (bandolim).
Número da Matriz: 4522

◆ **LADO B**
SAMPAIO, Almir. "Sai faísca": Choro. [Leão] Malamud ao clarinete, com Tute e Luperce.
Número da Matriz: 4523

**DISCO ODEON Nº 10.946**
Lançamento: janeiro de 1933

**NOTAS DE MÁRIO DE ANDRADE**
Na capa:
"266 = O. B. 10946"
"fins de 1932"

**REFERÊNCIAS NA LITERATURA MUSICAL DE MÁRIO DE ANDRADE**
Sobre o lado B: "Também a natureza conceptiva das músicas 'choronas' prova que o choro é um termo que designa agrupamento instrumental puro. Peças há, choronas, em que o movimento já não se coaduna mais com a dança, pelo menos com as danças brasileiras. A rapidez é cada vez maior, se percebendo que a peça é concebida exclusivamente pra execução instrumental (até virtuosística...) sem que sirva para mais coisa nenhuma, nem pra se cantar nem pra se dançar. Um exemplo admirável é o 'Sai faísca' (disco Odeon 10946-B), que atinge um dionisismo rítmico de admirável gratuidade. A rapidez é já de verdadeiro alegro erudito, e o clarinetista é exigido com habilidade virtuosística, excepcional no povo. Outro disco a citar é o 'Urubu', maravilhosamente executado por Pixinguinha, uma das excelências da discoteca brasileira (ver se este é também rapidíssimo e implica solista único). Pode-se lembrar aqui que tais choros (quero dizer, tais agrupamentos) são a equivalência brasileira do *hot-jazz*, que também tantas vezes já é puro gozo instrumental, mesmo quando unido à voz, e duma violência de movimento verdadeiramente dionisíaca, como

é o caso do final do 'Chinatown, my Chinatown' e 'I got rhythm', foxtrotes, o segundo de Gershwin, executados pelo *hot-jazz* admirável de Louis Armstrong (Odeon, 1907). São por assim dizer choros-*hot*, a que o próprio caráter improvisatório das linhas e às vezes o processo de variação ainda ajuntam mais caráter"[84].

Ver n. 12, 29, 34, 47, 67 e 135 neste catálogo; *Compêndio*, p. 185; e "A música e a canção", p. 170.

84 Mário de Andrade, *Dicionário musical brasileiro*, *op. cit.*, pp. 136-7.

# 105

**NOTAS DE MÁRIO DE ANDRADE**
Na capa:
"263 = C. B. 22180"
"Carnaval de 1933"

**◆ LADO A**
CALAZANS e RANGEL.
"Gabriela": Marcha. Jararaca e Ratinho (Calazans e Rangel).

**◆ LADO B**
CALAZANS e RANGEL.
"Cambinda briante": Maracatu. Jararaca e Ratinho (Calazans e Rangel).

**DISCO COLUMBIA Nº 22.180**[85]
Lançamento: janeiro de 1933

85 Conforme Alcino Santos *et al.*, em: *Discografia brasileira – 78 rpm: 1902-1964*, *op. cit.*, p. 319, os autores são Jararaca e Ratinho.

# 106

◆ **LADO A**
CALAZANS e RANGEL. "Dá-lhe toré": Toada típica. Jararaca e Ratinho acompanhados pelo Grupo Dó, Ré, Mi.
Número da Matriz: 381435-2

◆ **LADO B**
CALAZANS e RANGEL. "Adeus, adeus": Marcha nortista. Jararaca e Ratinho acompanhados pelo Grupo Dó, Ré, Mi.
Número da Matriz: 381434-1

**DISCO COLUMBIA Nº 22.185**[86]
Lançamento: janeiro de 1933

**NOTAS DE MÁRIO DE ANDRADE**
Na capa:
"272 = C. B. 22185"
"Março de 1933"

**REFERÊNCIAS NA LITERATURA MUSICAL DE MÁRIO DE ANDRADE**
Sobre o lado A, ver n. 11 neste catálogo.

86 Os autores do disco são Jararaca e Menezes (*Ibidem*, p. 319).

# 107

◆ **LADO A**

MONTEIRO, Basílio. "P'ra que sodade?": Moda de viola. Basílio e Noêmia Monteiro (Tira Fogo e Tira Prosa).

◆ **LADO B**

MONTEIRO, Basílio. "Prende os cabritinhos": Moda de viola. Basílio e Noêmia Monteiro (Tira Fogo e Tira Prosa).

**DISCO ARTE-FONE Nº 4.124**

Lançamento: 1933

**NOTAS DE MÁRIO DE ANDRADE**

Na capa:

"265 = A. 4124"

"Janeiro de 1933. Notar na 'Sodade' a rítmica tão característica nas modas caipiras do refrão ser binário (refrão instrumental) e a estrofe cantada ser um compasso de cinco tempos (3 + 2)."

**REFERÊNCIAS NA LITERATURA MUSICAL DE MÁRIO DE ANDRADE**

Sobre o lado B, ver n. 125 neste catálogo. Ver também "A música e a canção", p. 170.

# 108

◆ LADO A
AGOSTINHO, Miguel (Aracati). "Pisada cambinda": Maracatu. Olga Agostinho acompanhada por Aracati e seu grupo.

◆ LADO B
AGOSTINHO, Miguel (Aracati). "Mulher de meus sonhos": Marcha. Miguel Agostinho acompanhado por Aracati e seu grupo.

**DISCO COLUMBIA Nº 22.187**
Lançamento: 1933

**NOTAS DE MÁRIO DE ANDRADE**
Na capa:
"271 = C. B. 22187"
"Março de 1933"

**REFERÊNCIAS NA LITERATURA MUSICAL DE MÁRIO DE ANDRADE**
Ver n. 1 neste catálogo.

# 109

◆ **LADO A**
TAVARES, Hekel e ARAÚJO, Murilo. "Banzo": Canção. Jorge Fernandes e Orquestra Odeon.
Número da Matriz: 4696
Gravado a 11 de julho de 1933

◆ **LADO B**
FERNANDES, Armando. "Barraquinha de São João": Canção. Jorge Fernandes e Orquestra Odeon.
Número da Matriz: 4692
Gravado a 6 de julho de 1933

**DISCO ODEON Nº 11.039**[87]
Lançamento: agosto de 1933.

**NOTAS DE MÁRIO DE ANDRADE**
Na capa:
"332 = O. 4692"

**REFERÊNCIAS NA LITERATURA MUSICAL DE MÁRIO DE ANDRADE**
Sobre Jorge Fernandes:
"Já menos característicos seriam a sra. Carmen Miranda, que assume as proporções de um 'caso' da música nacional, cujo timbre tem por vezes uns longínquos lusismos. Também o sr. Jorge Fernandes (conf. 'Banzo', Odeon 4692 [*sic*]) com sua voz tão simpática, como nasal não apresenta caracteres eficientemente nacionais"[88].
Ver n. 124 e 132 neste catálogo.

87 O exemplar não consta em Alcino Santos *et al.*, *Discografia brasileira – 78 rpm: 1902-1964*, *op. cit.*, mas foi mantido aqui devido à nota de Mário de Andrade.

88 Mário de Andrade, "A pronúncia cantada", *op. cit.*, p. 139.

# 110

**NOTAS DE MÁRIO DE ANDRADE**
Na capa:
"269 = C. B. 22195"
"Carnaval 1933"

**◆ LADO A**
SANTOS, Jurandir e AMARAL, Milton. "Bon soir": Marcha. Jurandir Santos e Orquestra Columbia
Número da Matriz: 381457

**◆ LADO B**
SANTOS, Jurandir. "Alô John": Marcha turística. Jurandir Santos e Orquestra Columbia.
Número da Matriz: 381455

**DISCO COLUMBIA Nº 22.195**
Lançamento: 1933

# 111

◆ **LADO A**
MACEDO, Stefana de. "Dois de ôro": Maracatu. Stefana de Macedo com acompanhamento regional.
Número da Matriz: 381472

◆ **LADO B**
MACEDO, Stefana de. "Sodade véia": Canção popular. Stefana de Macedo com acompanhamento regional.
Número da Matriz: 381473

**DISCO COLUMBIA Nº 22.208**[89]
Lançamento: 1933

**NOTAS DE MÁRIO DE ANDRADE**
Na capa:
"277 = C. B. 22208"

**REFERÊNCIAS NA LITERATURA MUSICAL DE MÁRIO DE ANDRADE**
Sobre o lado A, ver n. 1 e 92 neste catálogo.

89 Situamos o lançamento do disco entre março e setembro de 1933 devido ao número da matriz e a sua disposição na cronologia de Alcino Santos *et al.*, *Discografia brasileira – 78 rpm: 1902-1964*, *op. cit.*

# 112

**NOTAS DE MÁRIO DE ANDRADE**
Na capa:
"278 = C. B. 22217"
"Choros bem típicos. 'Saudade' menos banal."

**◆ LADO A**
PECCI, Domingos. "Crocodilo": Choro. Domingos Pecci (solo de clarinete), violão e cavaquinho.
Número da Matriz: 381492

**◆ LADO B**
GRANY, Atílio. "Prece da saudade": Valsa. Atílio Grany (solo de flauta), violão e cavaquinho.
Número da Matriz: 381491

**DISCO COLUMBIA Nº 22.217**
Lançamento: 1933

# 113

◆ LADO A
BARROSO, Ary. "Por especial favor": Marcha. Diabos do Céu. Canto: Carmen Miranda. Número da Matriz: 65958-1
Gravado a 21 de março de 1934

◆ LADO B
BARROSO, Ary e PEIXOTO, Luís. "Na batucada da vida": Samba-canção. Diabos do Céu. Canto: Carmen Miranda. Número da Matriz: 65957-1
Gravado a 20 de março de 1934

**DISCO VICTOR Nº 33.769**
Lançamento: abril de 1934

**NOTAS DE MÁRIO DE ANDRADE**
Na capa:
"312 = V. 33769 *ad hoc*"
"Na batucada da vida"

**REFERÊNCIAS NA LITERATURA MUSICAL DE MÁRIO DE ANDRADE**
Sobre o lado B: "[...] A sra. Carmen Miranda, aliás normalmente boa dizedora de seus textos, além dum 'dêpois' discutível, emite um 'sêguirei' 'Na batucada da vida' (Victor, 33769). O sr. Francisco Alves, no famoso 'Foi ela' do Carnaval de 1935, se aprimora em emitir mal os *ee* surdos. Aliás no 'Deixa esta mulher chorar' já citado e sua outra face, em que este cantor dialoga com o sr. Mário Reis, observa-se uma diferença profunda de emissão do *e* surdo, neste mais familiarizado, no outro muito hesitante. E também como nasalação, o sr. Mário Reis é bem mais tipicamente nosso que o seu par"[90].
Ver n. 92 e 134 neste catálogo.

90 Mário de Andrade, "A pronúncia cantada", *op. cit.*, p. 130.

# 114

**NOTAS DE MÁRIO DE ANDRADE**
Na capa:
"308 = V. 33794 *ad hoc*"
"Bia-tá-tá"

**◆ LADO A**
TAVARES, Hekel e VIANA, Sodré. "Dança negra". Elisa Coelho com os Irmãos Tapajós e Hekel Tavares ao piano.
Número da Matriz: 79619-1
Gravado a 30 de abril de 1934

**◆ LADO B**
TAVARES, H. "Humaitá": Coco alagoano (folclore); TAVARES, H. e D'ALTAVILLA, Jaime. "Bia-tá-tá": Coco. Elisa Coelho com os Irmãos Tapajós e H. Tavares ao piano (com ganzá).
Número da Matriz: 79620-1
Gravado a 30 de abril de 1934

**DISCO VICTOR Nº 33.794**
Lançamento: junho de 1934

# 115

◆ **LADO A**
CARVALHO, J. B. de. "Quando o sol sair": Jongo. Conjunto Tupi.
Número da Matriz: 65441-1
Gravado a 8 de abril de 1932

◆ **LADO B**
CARVALHO, J. B. de. "Depois daquela montanha": Toada. Conjunto Tupi.
Número da Matriz: 65442-1
Gravado a 8 de abril de 1932

**DISCO VICTOR Nº 33.784**
Lançamento: maio de 1934

**NOTAS DE MÁRIO DE ANDRADE**
Na capa:
"286 = V. 33784"

**REFERÊNCIAS NA LITERATURA MUSICAL DE MÁRIO DE ANDRADE**
Sobre o lado A: "[...] De resto, frequentemente a voz negra feminina se manifesta menos nasal que a masculina. Essa distinção é facilmente observável no jongo 'Quando o sol sair' (Victor, 33784), em que a voz feminina, mais aberta, se nasaliza menos que a masculina. O mesmo se dirá do magnífico registro 'No terreiro de Alibibi' já citado, em que tudo se observa. A voz falada do preto velho, tão típico. Um coro fortemente nasalizado. Uma excelente voz nasal masculina. E uma esplêndida voz feminina, de admirável pureza e tenuidade, bem menos nasal porém. O som mais agudo em *an* surge, nesta voz feminina, entoando quase *a* claro terminado [...]"[91].
Sobre o Conjunto Tupi, ver n. 92 neste catálogo.

91 *Ibidem*, p. 136.

# 116

◆ LADO A

DIAS, Zico e FERRINHO.
"Quando Deus formou o mundo": Moda de viola. Zico Dias e Ferrinho com viola.
Gravado a 10 de abril de 1934

◆ LADO B

DIAS, Zico e FERRINHO.
"Cururu paulista": Cururu. Zico Dias e Ferrinho com viola.
Gravado a 10 de abril de 1934

**DISCO VICTOR Nº 33.796**
Lançamento: julho de 1934

**NOTAS DE MÁRIO DE ANDRADE**
Na capa:
"319 = V. 33796"
"O cururu bem típico como forma, e não como espírito. A moda tem versos adoráveis."

**REFERÊNCIAS NA LITERATURA MUSICAL DE MÁRIO DE ANDRADE**
Ver "A música e a canção", p. 170.

# 117

◆ **LADO A**
HENRIQUE, Valdemar e TAVERNARD, Antônio. "Tem pena do nego": Batuque amazônico. Gastão Formenti e Orquestra Victor Brasileira. Direção: Pixinguinha.
Número da Matriz: 79624-1
Gravado a 2 de maio de 1934

◆ **LADO B**
HENRIQUE, Valdemar e TAVERNARD, Antônio. "Foi boto, sinhá": Toada amazônica. Gastão Formenti e Orquestra Victor Brasileira. Direção: Pixinguinha.
Número da Matriz: 79619-1
Gravado a 2 de maio de 1934

**DISCO VICTOR Nº 33.807**
Lançamento: agosto de 1934

**NOTAS DE MÁRIO DE ANDRADE**
Na capa:
"316 = V. 33807 *ad hoc*"
"Foi boto, sinhá"[92]

**REFERÊNCIAS NA LITERATURA MUSICAL DE MÁRIO DE ANDRADE**
Ver "A pronúncia cantada", p. 138.

92 Na duplicata do disco, Mário de Andrade indicou, na capa: "329 = 33939".

# 118

◆ **LADO A**
SILVA, Sinval. "Ao voltar do samba": Samba. Carmen Miranda e Grupo do Canhoto.
Número da Matriz: 65964-1
Gravado a 26 de março de 1934

◆ **LADO B**
SILVA, Sinval. "Alvorada": Samba. Carmen Miranda e Grupo do Canhoto.
Número da Matriz: 65913-1
Gravado a 11 de dezembro de 1933

**DISCO VICTOR Nº 33.808**
Lançamento: agosto de 1934

**NOTAS DE MÁRIO DE ANDRADE**
Na capa:
"311 = V. 33808"
"Ao voltar do samba é o célebre do arlequim de bronze."

**REFERÊNCIAS NA LITERATURA MUSICAL DE MÁRIO DE ANDRADE**
Ver "A música e a canção", p. 170.

# 119

◆ **LADO A**
BARROSO, Ary e VIANA, Oduvaldo. "Canção da felicidade": Canção. Elisa Coelho com acompanhamento de Ary Barroso, Rogério e Nogueira.
Número da Matriz: 4877
Gravado a 16 de julho de 1934

◆ **LADO B**
BARROSO, Ary. "Caco velho": Samba-canção. Elisa Coelho com acompanhamento de Ary Barroso, Rogério e Nogueira.
Número da Matriz: 4878
Gravado a 16 de julho de 1934

**DISCO ODEON Nº 11.143**
Lançamento: agosto de 1934

**NOTAS DE MÁRIO DE ANDRADE**
Na capa:
"310 = O. 11143 *ad hoc*"
"Caco velho"

**REFERÊNCIAS NA LITERATURA MUSICAL DE MÁRIO DE ANDRADE**
Sobre o lado A, ver n. 66 neste catálogo.
Sobre o lado B: "Curioso é o caso da palavra 'depressa', que os nossos foneticistas afirmam, talvez apressadamente, iniciar com *e* fechado. Assim a emite o sr. Mário Araújo na canção 'Eu hei de ser de você' (Victor, 33405), onde porém parece ignorar a existência do *e* surdo. Mas a sra. Elisa Coelho, cuja pronúncia é aliás um primor de vogais reduzidas, no samba carioca 'Caco velho' (Odeon, 11143) diz um 'dipressa' bastante assustador".

# 120

**NOTAS DE MÁRIO DE ANDRADE**
Na capa:
"320 =V. 33818"
"Creio tradicional o 'Quando me vejo num samba'."

**◆ LADO A**
ABREU, Valdo. "Ingrata do arraiá": Canção sertaneja. Patrício Teixeira e Grupo do Canhoto. Diretor: João Martins.
Número da Matriz: 65809-1
Gravado a 19 de julho de 1933

**◆ LADO B**
SILVA, Getúlio Marinho da (Amor). "Quando me vejo n'um samba": Samba. Patrício Teixeira e Grupo do Canhoto.
Número da Matriz: 65735-1
Gravado a 17 de maio de 1933

**DISCO VICTOR Nº 33.818**
Lançamento: setembro de 1934

# 121

**◆ LADO A**
SILVA, Valfrido e BATISTA, Wilson. “Cadê a fantasia?”: Samba. Almirante e Grupo do Canhoto.
Número da Matriz: 79700-1
Gravado a 27 de setembro de 1934

**◆ LADO B**
BARCELOS, Alcebíades (Bidi) e RIBEIRO, Alberto. “O que será de nós dois?”: Samba. Almirante e Grupo do Canhoto.
Número da Matriz: 79701-1
Gravado a 27 de setembro de 1934

**DISCO VICTOR Nº 33.851**
Lançamento: novembro de 1934

**NOTAS DE MÁRIO DE ANDRADE**
Na capa:
“307 = V. 33851”

**REFERÊNCIAS NA LITERATURA MUSICAL DE MÁRIO DE ANDRADE**
Sobre Almirante, ver n. 90 neste catálogo.

# 122

**NOTAS DE MÁRIO DE ANDRADE**

Na capa:

"313 = V. 33852 *ad hoc*"

"Bando da Lua"

**◆ LADO A**

VALENTE, Assis. "Gosto mais do outro lado": Marchinha.
Bando da Lua.
Número da Matriz: 79716-1
Gravado a 8 de outubro de 1934

**◆ LADO B**

VALENTE, Assis. "Badaladas": Marcha. Bando da Lua.
Número da Matriz: 79717-1
Gravado a 8 de outubro de 1934

**DISCO VICTOR Nº 33.852**
Lançamento: novembro de 1934.

# 123

◆ LADO A
BARROSO, Ary. "Foi ela!": Samba. Diabos do Céu. Canto: Francisco Alves. Direção: Pixinguinha.
Número da Matriz: 79738-2
Gravado a 16 de outubro de 1934

◆ LADO B
BARROSO, Ary e BABO, Lamartine. "Grau 10": Marcha. Diabos do Céu. Canto: Francisco Alves, Lamartine Babo[93]. Direção: Pixinguinha.
Número da Matriz: 79737-1
Gravado a 16 de outubro de 1934

**DISCO VICTOR Nº 33.880**
Lançamento: janeiro de 1935

**NOTAS DE MÁRIO DE ANDRADE**
Na capa:
"314 = V. 33880"
"Notar a frase ternária no binário da marchinha. Peças de maior sucesso no Carnaval de 1935."

**REFERÊNCIAS NA LITERATURA MUSICAL DE MÁRIO DE ANDRADE**
Sobre o lado A, ver n. 113 neste catálogo. Ver também "A música e a canção", p. 171.

93 Conforme Alcino Santos *et al.*, *Discografia brasileira – 78 rpm: 1902-1964*, *op. cit.*, p. 190), neste lado do disco Lamartine Babo canta em parceria com Francisco Alves.

# 124

◆ **LADO A**
AZEVEDO, Maércio de e MATOSO, Francisco. "Abandona o preconceito": Samba. Bando da Lua.
Número da Matriz: 79771-1
Gravado a 25 de outubro de 1934

◆ **LADO B**
VALENTE, Assis e REIS, Zequinha. "É do barulho": Marcha. Bando da Lua.
Número da Matriz: 79825-2
Gravado a 25 de outubro de 1934

**DISCO VICTOR Nº 33.908**
Lançamento: fevereiro de 1935

**NOTAS DE MÁRIO DE ANDRADE**
Na capa:
"318 = V. 33908"
"Carnaval de 1935"

**REFERÊNCIAS NA LITERATURA MUSICAL DE MÁRIO DE ANDRADE**
Sobre o lado A: "Outro momento exemplar de nasalização encontra-se à frase 'Vem ouvir como é bonito o samba chorado' no admirável samba 'Abandona o preconceito' (Victor, 33908) cantado pelo Bando da Lua. Ainda ajuntaremos a voz encantadora do sr. Floriano Belham em 'Morena que dorme na rede' (Victor, 33951) com seu leve nasal de acariciante doçura"[94].
Ver n. 132 neste catálogo.

94 Mário de Andrade, "A pronúncia cantada", *op. cit.*, p. 139.

# 125

◆ **LADO A**
LOURENÇO, Manoel Rodrigues. "Minha noiva": Moda de viola. Olegário e Lourenço com viola.
Número da Matriz: 79825-2
Gravado a 13 de setembro de 1934

◆ **LADO B**
LOURENÇO, Manoel Rodrigues. "Triste festa de São João": Moda de viola. Olegário e Lourenço com viola.
Número da Matriz: 79825-2
Gravado a 13 de setembro de 1934

**DISCO VICTOR Nº 33.922**
Lançamento: abril de 1935

**NOTAS DE MÁRIO DE ANDRADE**
Na capa:
"324 = V. 33922"

**REFERÊNCIAS NA LITERATURA MUSICAL DE MÁRIO DE ANDRADE**
Sobre os intérpretes: "Do nasal caipira, tão diverso do carioca e do nordestino, a discografia nacional nos oferece ótimas e numerosas provas. Observe-se, por exemplo, a notável moda caipira 'Prende os cabritinhos' (Arte-Fone, 4124), bastante característica em sua entoação nasal, principalmente no final da peça, em que nos surpreende a entoação 'gracinhã' com o *n* nasalizando as duas vogais que o cercam. Também os cantadores Olegário e Lourenço na moda 'Triste festa de São João' (Victor, 33922) são bons exemplos deste nasal caipira que se manifesta especialmente no canto, e não é constância do falar [...]"[95].
Ver n. 107 neste catálogo e "A música e a canção", p. 170.

95 *Ibidem*, p. 153.

# 126

◆ **LADO A**
CEARENSE, Catulo da Paixão. "Luar do sertão": Canção brasileira. Canto por "Singing Babies" com piano.
Número da Matriz: 79884-2
Gravado a 17 de abril de 1935

◆ **LADO B**
TAVARES, Hekel e CAMARGO, Joraci. "Guacira": Canção brasileira. Canto por "Singing Babies" com piano.
Número da Matriz: 79885-1
Gravado a 17 de abril de 1935

**DISCO VICTOR Nº 33.925**
Lançamento: maio de 1935

**NOTAS DE MÁRIO DE ANDRADE**
Na capa:
"325 = V. 33925"

**REFERÊNCIAS NA LITERATURA MUSICAL DE MÁRIO DE ANDRADE**
Sobre o lado A: "Por esse exemplo de diferenciação entre timbre afro-ianque e afro-brasileiro, se verifica que não apenas a timbração europeia do belcanto descaracteriza a voz brasileira, como também as timbrações de qualquer outra maneira racial de cantar. Exemplo quase monstruoso do que se afirma poderá ser observado com a gravação que o quarteto coral das 'Singing Babies' fez do 'Luar do sertão' (Victor, 33925). Não chega a ser caricatura porque nos assombra em seu maligno exotismo. O timbre, a entoação, a dicção, os processos de coralizar completamente diversos dos nossos fazem desse disco precioso um modelo constante para cantores e para compositores também. Porque, de fato, a lição contundente desse registro mostra a todos o quanto certas maneiras de cantar e de compor deformam a coisa nacional"[96].
Ver n. 39 e 92 neste catálogo.

96 *Ibidem*, p. 126.

# 127

◆ **LADO A**
ROSA, Noel e CORDOVIL, Hervé. "Triste cuíca": Samba. Aracy de Almeida e Conjunto Regional de Benedito Lacerda.
Número da Matriz: 79866-1
Gravado a 10 de abril de 1935

◆ **LADO B**
SILVA, Valfrido. "Tenho uma rival": Samba. Aracy de Almeida e Conjunto Regional de Benedito Lacerda.
Número da Matriz: 79867-1
Gravado a 10 de abril de 1935

**DISCO VICTOR Nº 33.927**
Lançamento: maio de 1935.

**NOTAS DE MÁRIO DE ANDRADE**
Na capa:
"330 = V. 33927 *ad hoc*"
"Triste cuíca"[97]

**REFERÊNCIAS NA LITERATURA MUSICAL DE MÁRIO DE ANDRADE**
Sobre Aracy de Almeida: "Mais vagos, ao nosso ver como regionalismo de caráter vocal, ainda surgem numerosos cantores brasileiros, bem constantemente nasais.
[...]
É também a sra. Aracy de Almeida ('Triste cuíca', Victor 33927) com ótima cor de vogais e menos feliz prolação de consoantes. Neste disco, se apresenta um bom exemplo de variabilidade de pronúncia do 'não', bem claramente 'nãum' quando mais vagaroso, e na outra face do disco, escurecendo-se na dicção mais rápida, até que, quase num presto, chega a soar quase exclusivamente 'num'. As variantes melhores estão no fim da música ('Tenho uma rival'), após o refrão instrumental"[98].
Ver "A música e a canção", p. 170.

97 Na capa da duplicata, Mário de Andrade anotou à tinta: "331 = V. 33927".

98 Mário de Andrade, "A pronúncia cantada", *op. cit.*, p. 138.

# 128

**NOTAS DE MÁRIO DE ANDRADE**
Na capa:
"326 = V. 33929"

◆ **LADO A**
VALENTE, Assis e REIS, Zequinha. "Mangueira": Samba. Bando da Lua.
Número da Matriz: 79826-2
Gravado a 23 de janeiro de 1935

◆ **LADO B**
PEREIRA, Oldemar Gomes (Mazinho) e MATOSO, Francisco. "Eu me lembro de você": Samba. Bando da Lua.
Número da Matriz: 79632-1
Gravado a 3 de maio de 1934

**DISCO VICTOR Nº 33.929**
Lançamento: maio de 1935

# 129

**NOTAS DE MÁRIO DE ANDRADE**
Na capa:
"322 = V. 33931"

◆ **LADO A**
GNATALLI, Radamés.
"Saudoso": Choro. Orquestra Típica Victor.
Gravado a 4 de abril de 1935

◆ **LADO B**
GNATALLI, Radamés.
"Dengoso": Choro-batuque.
Orquestra Típica Victor.
Gravado a 4 de abril de 1935

**DISCO VICTOR Nº 33.931**
Lançamento: maio de 1935

# 130

**◆ LADO A**
DIAS, Zico e FERRINHO. "Eu sofro grande tristeza": Moda de viola. Zico Dias e Ferrinho com viola.
Gravado a 11 de abril de 1934

**◆ LADO B**
DIAS, Zico e FERRINHO. "Eu quero ser um desertor": Moda de viola. Zico Dias e Ferrinho com viola.
Gravado a 11 de abril de 1934

**DISCO VICTOR Nº 33.933**
Lançamento: maio de 1935

**NOTAS DE MÁRIO DE ANDRADE**
Na capa:
"323 = V. 33933"
"Desertor melhor"

**REFERÊNCIAS NA LITERATURA MUSICAL DE MÁRIO DE ANDRADE**
Sobre Zico Dias: "Do nasal caipira, tão diverso do carioca e do nordestino, a discografia nacional nos oferece ótimas e numerosas provas. [...] Ainda o cantador piracicabano Zico Dias e seu companheiro (Victor, 33933), e ainda mais tipicamente os dois admiráveis discos Columbia *Folia de reis* e *Toada de mutirão* (n. 20032-B e 20033-B) servem de molde"[99].
Ver n. 35 e 36 neste catálogo.

99 *Ibidem*, p. 136.

# 131

**NOTAS DE MÁRIO DE ANDRADE**
Na capa:
"329 = 33939"

**◆ LADO A**
HENRIQUE, Valdemar. "Cobra grande": Lenda amazônica.
Gastão Formenti e Orquestra Victor Brasileira.
Número da Matriz: 79850-3
Gravado a 14 de março de 1935

**◆ LADO B**
HENRIQUE, Valdemar. "Boi bumbá": Toada amazônica.
Gastão Formenti e Orquestra Victor Brasileira.
Número da Matriz: 79849-1
Gravado a 14 de março de 1935

**DISCO VICTOR Nº 33.939**
Lançamento: junho de 1935

# 132

◆ **LADO A**
MARTINS, Roberto e SILVA, Valfrido. "Morena que dorme na rede": Samba-canção. Floriano Belham e Grupo do Canhoto.
Número da Matriz: 79920-1
Gravado a 24 de maio de 1935

◆ **LADO B**
ALVES, Ataulfo. "Saudades do meu barracão": Samba-canção. Floriano Belham e Grupo do Canhoto.
Número da Matriz: 79919-1
Gravado a 24 de maio de 1935

**DISCO VICTOR Nº 33.951**
Lançamento: julho de 1935

**NOTAS DE MÁRIO DE ANDRADE**
"333 = V. 33951"
"O 'Meu barracão' é melhor"
"Modinha – À medida que esta desaparece ou vive mais desatendida dos seresteiros, vai sendo, porém, substituída pelo samba-canção, que é realmente uma modinha nova, de caráter novo, mas canção lírica solista, apenas com uma rítmica fixa de samba, em que, porém, a agógica já não é mais realmente coreográfica, mas de canção lírica. Ora isso é uma evolução lógica, por assim dizer, fatal. A modinha de salão passada prá boca do povo popular adotou mesmo ritmos coreográficos, o da valsa e o da chótis [xote] principalmente. Ora estes eram sempre ritmos importados, não da criação imediata nacional. O samba-canção é a nacionalização definitiva da modinha."

**REFERÊNCIAS NA LITERATURA MUSICAL DE MÁRIO DE ANDRADE**
Sobre o lado A, ver n. 52 e 124 neste catálogo.

# 133

◆ LADO A
VIANA, Gastão. "Meus orixás": Macumba. Francisco Sena e os Diabos do Céu. Direção: Pixinguinha.
Número da Matriz: 65750-1
Gravado a 25 de maio de 1933

◆ LADO B
PRÍNCIPE PRETINHO. "Quem tá de ronda?": Macumba. Francisco Sena e os Diabos do Céu. Direção: Pixinguinha.
Número da Matriz: 65751-1
Gravado a 25 de maio de 1933

**DISCO VICTOR Nº 33.953**
Lançamento: julho de 1935

**NOTAS DE MÁRIO DE ANDRADE**
Na capa:
"328 = V. 33953"
"Muito bom"

**REFERÊNCIAS NA LITERATURA MUSICAL DE MÁRIO DE ANDRADE**
Sobre Francisco Sena: "[...] O *a* nasal aberto virá dos afro-brasileiros?... Eles parecem usá-lo com tal ou qual frequência. Mesmo os menos africanizados em seu timbre, como o sr. Francisco Sena em 'Meus orixás' (Victor, 33953), ainda emitem um *a* nasal que positivamente não é fechado"[100].
Ver n. 23, 63, 91, 97 e 115 neste catálogo.

100 *Ibidem*, p. 136.

# 134

◆ **LADO A**
TORRES, Raul. "Pé de briga": Embolada. Raul Torres e sua embaixada.
Número da Matriz: 5005
Gravado a 21 de janeiro de 1935

◆ **LADO B**
TORRES, Raul. "A morte de um cantadô": Jongo. Raul Torres, Nestor Amaral e sua embaixada.
Número da Matriz: 65751-1
Gravado a 18 de janeiro de 1935

**DISCO ODEON Nº 11.238**
Lançamento: julho de 1935

**NOTAS DE MÁRIO DE ANDRADE**
Na capa:
"335 = O. 5005"

**REFERÊNCIAS NA LITERATURA MUSICAL DE MÁRIO DE ANDRADE**
Sobre Raul Torres: "Mais vagos, ao nosso ver, como regionalismo de caráter vocal, ainda surgem numerosos cantores brasileiros, bem constantemente nasais. [...] É o nasal admirável do sr. Raul Torres nesse dolente e brasileiríssimo 'É a morte dum cantadô' (Odeon, 11238)"[101].
Ver n. 49, 117 e 127 neste catálogo.

101 Mário de Andrade, "A pronúncia cantada", *op. cit.*, p. 138.

# 135

◆ **LADO A**
SILVA, Sinval. "Adeus batucada": Samba. Carmen Miranda e Orquestra Odeon. Dir.: Simon Bountman.
Número da Matriz: 5164
Gravado a 24 de setembro de 1935

◆ **LADO B**
BARBOSA, Paulo. "Casaquinho de Tricot": Choro-receita. Carmen Miranda e Barbosa Júnior acompanhados do Conjunto Regional de Benedito Lacerda.
Número da Matriz: 65751-1
Gravado a 5 de outubro de 1935

**DISCO ODEON Nº 11.285**
Lançamento: novembro de 1935

**NOTAS DE MÁRIO DE ANDRADE**
Na capa:
"337 = O. 11285 – B"

**REFERÊNCIAS NA LITERATURA MUSICAL DE MÁRIO DE ANDRADE**
Sobre Carmen Miranda: "Uma verificação muito curiosa que a análise da discografia nacional nos proporciona é quanto à pronúncia do *s*. É sabido que principalmente na fonética carioca e ainda de outras regiões do Brasil, o *s* soa como *j* ou *x*. Ora, é quase em vão que procuraremos essa pronúncia nos discos nacionais. Talvez apenas a sra. Carmen Miranda o conserve com mais evidência. No 'Adeus, batucada' (Odeon, 11285), que, apesar dum lastimável 'quêrida', é de excelente pronúncia, escutam-se uns *ss* levemente chiados, de aceitável discrição. E o mesmo se dirá observando o 'Na batucada da vida' já citado, em que o *s* vibra às vezes como discreta fricativa sonora, mas outras nitidamente surdo como entre paulistas e mineiros. Essa repulsa quase unânime ao *s* com valor de *x* ou *j*, mesmo entre cantores cariocas ou acariocados pelas virtudes do samba e da marchinha, é já boa tradição, cremos, para evitar o excesso de ruídos prejudicial ao canto, provocados pelas fricativas sonoras"[102].
Ver n. 113 neste catálogo.

102 *Ibidem*, p. 131.

# 136

**◆ LADO A**
VALENTE, Assis. "Maria boa": Samba. Bando da Lua.
Número da Matriz: 93016-1
Gravado a 1 de dezembro de 1935

**◆ LADO B**
ALVES, Ataulfo e MARTINS, Roberto. "Menina que pinta o sete": Marcha. Bando da Lua.
Número da Matriz: 93017-1
Gravado a 1 de dezembro de 1935

**DISCO VICTOR Nº 34.009**
Lançamento: janeiro de 1936.

**NOTAS DE MÁRIO DE ANDRADE**
Na capa:
"342 = V. 34009"

**REFERÊNCIAS NA LITERATURA MUSICAL DE MÁRIO DE ANDRADE**
Sobre o Bando da Lua: "Assim há que prevenir cantores quer de canto erudito, quer de rádio e 'naturais', contra os timbres americanos que da Argentina, da Norte-América ou de Cuba nos vêm. É grande felicidade nossa não apresentarmos no canto as timbrações, entoações e amaneirados vocais tão desagradavelmente afeminados, que caracterizam a voz masculina de muitos cantores de tango argentino... 'de salão', ou da canção norte-americana de que o filme e o disco desastrosamente nos inundam. O delicioso Bando da Lua, tantas vezes feliz pela beleza das canções que apresenta, como na 'Menina que pinta o sete' (Victor, 34009) de excelente pronúncia, não raro se dispersa em norte-americanismos vocais de vário perigo para nós. Outros entoam como se viessem dos pampas... de salão"[103].

103 *Ibidem*, p. 127.

# 137

◆ **LADO A**
VALENTE, Assis. "A infelicidade me persegue": Samba. Sônia de Carvalho e o Conjunto Regional RCA Victor.
Número da Matriz: 80032-1
Gravado a 6 de dezembro de 1935

◆ **LADO B**
VALENTE, Assis e FREITAS, Oliveira. "O dia morreu": Samba. Sônia de Carvalho e o Conjunto Regional RCA Victor.
Número da Matriz: 80031-1
Gravado a 6 de dezembro de 1935

**DISCO VICTOR Nº 34.014**
Lançamento: janeiro de 1936

**NOTAS DE MÁRIO DE ANDRADE**
Na capa:
"341 = V. 34014 *ad hoc*"
"Infelicidade me persegue"[104]

**REFERÊNCIAS NA LITERATURA MUSICAL DE MÁRIO DE ANDRADE**
Sobre Sônia de Carvalho: "A palavra 'feliz', que enumeramos, é por certo das mais infelizes de dicção nacional. Não possuímos quase nenhum cantor que tenha coragem de lhe emitir o *e* surdo em sua cor exata. É lamentável. [...] Quanto à sra. Sônia de Carvalho, também de excelente e curiosa timbração nacional, o seu registro 'A infelicidade me persegue' (Victor, 34014) demonstra uma hesitação quase absurda. No primeiro refrão só conhece o *e* fechado ao dizer 'infêlicidade' e 'sou infêliz'– no que a imita ridiculamente o coro. No segundo refrão, tem-se a impressão de que a cantora já está se repondo em seu natural, pois se escuta 'infilicidade', embora ainda 'infêliz' se repita com *e* fechado. Só da terceira vez a cantora parece ter se esquecido das preocupações do... bem dizer, e as duas palavras soam com *e* surdo, em perfeita naturalidade"[105].

104 Na capa da duplicata, Mário de Andrade anotou à tinta: "342 = V. 34014".

105 Mário de Andrade, "A pronúncia cantada", *op. cit.*, p. 129.

# 138

**NOTAS DE MÁRIO DE ANDRADE**
Na capa:
"344 = V. 34037"

**◆ LADO A**
BIZAGLIA, Remo e TEIXEIRA, Aristides. "Condecoração": Samba. 3º Prêmio do Concurso da Comissão de Divertimentos Públicos de São Paulo. Januário de Oliveira e Arnaldo Pescuma.
Número da Matriz: 80098-1
Gravado a 24 de janeiro de 1936

**◆ LADO B**
ALVES, J. Manoel. "Olha a lua": Marcha. 3º Prêmio do Concurso da Comissão de Divertimentos Públicos de São Paulo. J. de Oliveira e A. Pescuma com os Diabos do Céu.
Número da Matriz: 80099-1
Gravado a 24 de janeiro de 1936

**DISCO VICTOR Nº 34.037**[106]
Lançamento: fevereiro de 1936

106 Título do disco: *Carnaval paulista*.

# 139

**NOTAS DE MÁRIO DE ANDRADE**
Na capa:
"340 = V. 34035"
"A marcha é bem melhor"

◆ **LADO A**
GRAU, Martinez e MACHADO, Ari. "Quero dar um beijinho em você": Samba. 2º Prêmio do Concurso da Comissão de Divertimentos Públicos de São Paulo. Januário de Oliveira e Arnaldo Pescuma, com os Diabos do Céu.
Número da Matriz: 80094-1
Gravado a 24 de janeiro de 1936

◆ **LADO B**
GRAU, Martinez e PIRES, Ariovaldo. "Mulatinha da caserna": Marcha. 1º Prêmio da Comissão de Divertimentos Públicos de São Paulo. Januário de Oliveira e Arnaldo Pescuma, com os Diabos do Céu.
Número da Matriz: 80095-1
Gravado a 24 de janeiro de 1936

**DISCO VICTOR Nº 34.035**[107]
Lançamento: fevereiro de 1936

107 Título do disco: *Carnaval paulista*.

# 140

◆ **LADO A**
CAMARGO, Nabor Pires de. "Vá carregar piano": Samba. 1º Prêmio do Concurso da Comissão de Divertimentos Públicos de São Paulo. Januário de Oliveira e Arnaldo Pescuma com os Diabos do Céu.
Número da Matriz: 80096-1
Gravado a 24 de janeiro de 1936

◆ **LADO B**
BARROSO, Ary. "Paulistinha querida": Marcha. 2º Prêmio do Concurso da Comissão de Divertimentos Públicos de São Paulo. Januário de Oliveira e Arnaldo Pescuma com os Diabos do Céu.
Número da Matriz: 80097-1
Gravado a 24 de janeiro de 1936

**DISCO VICTOR Nº 34.036**
Lançamento: fevereiro de 1936

**NOTAS DE MÁRIO DE ANDRADE**
Na capa:
"339 = V. 34036"

**REFERÊNCIAS NA LITERATURA MUSICAL DE MÁRIO DE ANDRADE**
Sobre o lado B, ver n. 73 neste catálogo.

# 141

**NOTAS DE MÁRIO DE ANDRADE**
Na capa:
"355 = V. B. 34177"

**◆ LADO A**
BRITO, Jaime e ARAÚJO, Manoel (Manezinho). "Lalá e Lelé": Samba. Conjunto Boêmios da Cidade. Canto: Luís Barbosa.
Número da Matriz: 80377-1
Gravado a 20 de abril de 1937

**◆ LADO B**
MARQUES, Raul e BERNARDINO, Moacir. "Risoleta": Samba. Conjunto Boêmios da Cidade. Canto: Luís Barbosa.
Número da Matriz: 80379-1
Gravado a 20 de abril de 1937

**DISCO VICTOR Nº 34.177**
Lançamento: junho de 1937.

# 142

◆ **LADO A**
BARRO, João de e PIXINGUINHA. "Carinhoso": Samba. Orlando Silva com acompanhamento Regional RCA Victor.
Número da Matriz: 80423-1
Gravado a 28 de maio de 1937

◆ **LADO B**
PIXINGUINHA. "Rosa": Valsa--canção. Orlando Silva com acompanhamento Regional RCA Victor.
Número da Matriz: 80424-1
Gravado a 28 de maio de 1937

**DISCO VICTOR Nº 34.181**[108]
Lançamento: julho de 1937

**NOTAS DE MÁRIO DE ANDRADE**
Na capa:
"345 = V. B. 34181"
"Rosa, ótimo como caráter"[109]

**REFERÊNCIAS NA LITERATURA MUSICAL DE MÁRIO DE ANDRADE**
Sobre Pixinguinha, ver n. 12 e 104 neste catálogo.

108 No interior se encontra uma folha de papel ofício dobrada em quatro, datiloscrita com a letra de "Rosa" e correção de verso por Mário de Andrade manuscrita à tinta. Mário de Andrade também possui outra versão do disco, "Carinhos", n. 13 deste catálogo.

109 Na duplicata do disco, Mário de Andrade consignou, na capa, o n. 346 e, a lápis, "Rosa".

# 143

**NOTAS DE MÁRIO DE ANDRADE**
Na capa:
"347 = V. B. 34206"

**◆ LADO A**
PRÍNCIPE PRETINHO.
"Itaquari": Batuque indígena.
Conjunto Boêmios da Cidade.
Canto: Trio de Ouro.
Número da Matriz: 80512-1
Gravado a 1 de julho de 1937

**◆ LADO B**
PRÍNCIPE PRETINHO. "Ceci e Peri": Marcha sinfônica (motivo da sinfonia do Guarany).
Conjunto Boêmios da Cidade.
Canto: Trio de Ouro.
Número da Matriz: 80513-1
Gravado a 1 de julho de 1937

**DISCO VICTOR Nº 34.206**
Lançamento: setembro de 1937

# 1214

**NOTAS DE MÁRIO DE ANDRADE**
Na capa:
"348 = V. B. 34229"

◆ **LADO A**
SOUZA, Ciro de e BABAU [Valdemiro Rocha]. "Tenha pena de mim": Samba. Aracy de Almeida e Conjunto Regional RCA Victor.
Número da Matriz: 80596-2
Gravado a 17 de agosto de 1937

◆ **LADO B**
SOUZA, Ciro de. "Marido da orgia": Samba. Aracy de Almeida e Conjunto Regional RCA Victor.
Número da Matriz: 80595-2
Gravado a 17 de agosto de 1937

**DISCO VICTOR Nº 34.229**
Lançamento: novembro de 1937

# 145

◆ LADO A
CAYMMI, Dorival. "O que é que a baiana tem": Samba. Carmen Miranda e Dorival Caymmi com acompanhamento regional.
Número da Matriz: 6023
Gravado a 27 de fevereiro de 1939

◆ LADO B
CAYMMI, Dorival. "A preta do acarajé": Cena típica baiana. Carmen Miranda e Dorival Caymmi com acompanhamento regional.
Número da Matriz: 6024
Gravado a 27 de fevereiro de 1939

**DISCO ODEON Nº 11.710**
Lançamento: abril de 1939

**NOTAS DE MÁRIO DE ANDRADE**
Na capa:
"353 = O. B. 11710"

**REFERÊNCIAS NA LITERATURA MUSICAL DE MÁRIO DE ANDRADE**
Sobre Carmen Miranda, ver n. 135 neste catálogo.

# 146

**NOTAS DE MÁRIO DE ANDRADE**
Na capa:
"363 = C. B. 55038"

**◆ LADO A**
ABREU, Zequinha de. "Branca": Valsa. Orquestra Colbaz.
Número da Matriz: 381027-2
Gravado em 1931

**◆ LADO B**
ABREU, Zequinha de. "Tico-tico no fubá": Choro. Orquestra Colbaz.
Número da Matriz: 381028-1
Gravado em 1931

**DISCO COLUMBIA Nº 55.038**
Lançamento: junho de 1939

# 147

**NOTAS DE MÁRIO DE ANDRADE**
Na capa:
"354 = O. B. 11739"

**◆ LADO A**
SILVA, Antenógenes (adaptação). "Saudades de Ouro Preto": Valsa. Antenógenes Silva: solo de acordeom acompanhado de violão por Rogério Guimarães.
Número da Matriz: 6113
Gravado a 19 de junho de 1939

**◆ LADO B**
SILVA, Antenógenes (adaptação). "Saudades de Uberaba": Valsa. Antenógenes Silva: solo de acordeom acompanhado de violão por Rogério Guimarães.
Número da Matriz: 6114
Gravado a 19 de junho de 1939

**DISCO ODEON Nº 11.739**
Lançamento: julho de 1939

# 148

**NOTAS DE MÁRIO DE ANDRADE**
Na capa:
"352 = O. 11760"
"'Rainha do mar' melhor"

◆ **LADO A**
CAYMMI, Dorival (adaptação). "Rainha do mar": Cantiga de pescadores. Dorival Caymmi com acompanhamento regional por Laurindo e Garoto.
Número da Matriz: 6138
Gravado a 27 de junho de 1939

◆ **LADO B**
CAYMMI, Dorival (adaptação). "Promessa de pescador": Canção sobre motivos praieiros da Bahia. Dorival Caymmi com acompanhamento regional por Laurindo e Garoto.
Número da Matriz: 6139
Gravado a 27 de junho de 1939

**DISCO ODEON Nº 11.760**
Lançamento: setembro de 1939

# 149

**NOTAS DE MÁRIO DE ANDRADE**
Na capa:
"351 = O. 11831"

**◆ LADO A**
ALVARENGA, RANCHINHO e SALES, Chiquinho. "Romance de uma caveira": Valsa fúnebre. Alvarenga e Ranchinho acompanhados por Rogério Guimarães e seu conjunto.
Número da Matriz: 6301
Gravado a 2 de fevereiro de 1940

**◆ LADO B**
ALVARENGA e RANCHINHO. "A muié pra cada um": Moda de viola. Alvarenga e Ranchinho acompanhados de viola e violão.
Número da Matriz: 6139
Gravado a 18 de setembro de 1939

**DISCO ODEON Nº 11.831**
Lançamento: março de 1940

# 150

**NOTAS DE MÁRIO DE ANDRADE**
Na capa:
"356 = C. B. 55303"

**◆ LADO A**
CAYMMI, Dorival. "Você já foi à Bahia?": Samba. Anjos do Inferno: Léo Villar, Harry, Moacyr, Alberto, Felipe e Aluísio.
Número da Matriz: 453-4
Gravado a 27 de setembro de 1941

**◆ LADO B**
CAYMMI, Dorival. "Requebre que eu dou um doce": Samba. Anjos do Inferno: Léo Villar, Harry, Moacyr, Alberto, Felipe e Aluísio.
Número da Matriz: 454-4
Gravado a 27 de setembro de 1941

**DISCO COLUMBIA Nº 55.303**
Lançamento: outubro de 1941

# 151

**NOTAS DE MÁRIO DE ANDRADE**
Na capa:
"358 = C. B. 55315"

**◆ LADO A**
SOARES, Rubens e NASSER, David. "Nêga do cabelo duro": Batucada. Anjos do Inferno: Léo Villar, Harry, Moacyr, Alberto, Felipe e Aluísio.
Número da Matriz: 478-2

**◆ LADO B**
ALMEIDA, Antônio e RIBEIRO, Alberto. "Se o dinheiro chegasse": Samba. Anjos do Inferno: Léo Villar, Harry, Moacyr, Alberto, Felipe e Aluísio.
Número da Matriz: 479-2

**DISCO COLUMBIA Nº 55.315**
Lançamento: janeiro de 1942

# 152

**◆ LADO A**
MARTINS, Herivelto e GRANDE OTELO. "Praça Onze": Samba. Trio de Ouro e Castro Barbosa com grande Conjunto de Benedito Lacerda.
Número da Matriz: 488-2
Gravado a 25 de dezembro de 1941

**◆ LADO B**
BORIS, Sá e PRÍNCIPE PRETINHO. "Dança la conga": Marcha. Trio de Ouro com Chiquinho e seu ritmo.
Número da Matriz: 490-1
Gravado a 25 de dezembro de 1941

**DISCO COLUMBIA Nº 55.319**
Lançamento: janeiro de 1942

**NOTAS DE MÁRIO DE ANDRADE**
Na capa:
"357 = C. B. 55319"
Sobre o lado A, ver "Trecho de carta de Mário de Andrade a Moacir Werneck de Castro", no "Apêndice", pp. 262-3.

# 153

◆ **LADO A**

ALVES, Ataulfo e LAGO, Mário. "Ai! Que saudade da Amélia": Samba. Ataulfo Alves e sua academia de samba.
Número da Matriz: 6869
Gravado a 27 de novembro de 1941

◆ **LADO B**

BARCELOS [, Alcebíades] (Bidi) e OLIVEIRA, Agenor de (Cartola). "Não posso viver sem ela": Samba. Ataulfo Alves e sua academia de samba.
Número da Matriz: 6870
Gravado a 27 de novembro de 1941

**DISCO ODEON Nº 12.106**[110]
Lançamento: janeiro de 1942

**NOTAS DE MÁRIO DE ANDRADE**
Na capa:
"359 = O. B. 12106"

**REFERÊNCIAS NA LITERATURA MUSICAL DE MÁRIO DE ANDRADE**
Sobre o lado A, ver "Trecho de carta de Mário de Andrade a Moacir Werneck de Castro", no "Apêndice", pp. 262-3.

110 Cf. Alcino Santos *et al.*, em: *Discografia brasileira – 78 rpm: 1902-1964*, v. 3, *op. cit.*, p. 72; o título do lado A registrado no SDDA é "Ai! Que saudades da Amélia".

# 154

**NOTAS DE MÁRIO DE ANDRADE**
Na capa:
"365 = O. B. 12207"

**◆ LADO A**
TORRES, Raul e CERQUEIRA, Aparício. "A rosa estava dormindo": Moda de viola. Raul Torres e Serrinha acompanhados de viola.
Número da Matriz: 6749
Gravado a 22 de agosto de 1941

**◆ LADO B**
TORRES, Raul e SERRINHA. "O rei mandou me chamar": Congada. Raul Torres e Serrinha acompanhados de viola, violão e reco-reco.
Número da Matriz: 6750
Gravado a 22 de agosto de 1941

**DISCO ODEON Nº 12.207**
Lançamento: outubro de 1942

# 155

## NOTAS DE MÁRIO DE ANDRADE

Na capa:

"367 = O. 12417 *ad hoc*"

**◆ LADO A**

NÁSSARA e FRAZÃO. "Falte tudo": Marcha-frevo. Orlando Silva e Orquestra Odeon. Dir.: Lírio Panicali.
Número da Matriz: 7464
Gravado a 27 de dezembro de 1943

**◆ LADO B**

ALVES, Ataulfo e LAGO, Emílio. "Atira a primeira pedra": Samba. Orlando Silva e Orquestra Odeon. Dir.: Lírio Panicali.
Número da Matriz: 7465
Gravado a 27 de dezembro de 1943

**DISCO ODEON Nº 12.417**[111]
Lançamento: fevereiro de 1944

111 Disco lançado em fevereiro de 1944, conforme opúsculo promocional da fábrica Odeon em que está anunciada a sociedade com Discos Columbia ("Parada musical: Discos Odeon, Discos Columbia", *Suplemento de Novidades*, fev. 1944).

# 156

**◆ LADO A**
MARTINS, Herivelto e
ROBERTI, Roberto. "Isaura":
Samba. Francisco Alves
acompanhado por Abel com
Claudionor Cruz e seu conjunto.
Número da Matriz: 7700
Gravado a 13 de novembro de 1944

**◆ LADO B**
SOARES, Rubens e FRAZÃO,
E. "Vida de pobre": Batucada.
Francisco Alves acompanhado
por Abel com Claudionor Cruz e
seu conjunto.
Número da Matriz: 7704
Gravado a 20 de novembro de 1944

**DISCO ODEON Nº 12.530**
Lançamento: janeiro de 1945

# 157

◆ **LADO A**

MARTINS, Herivelto e GRANDE OTELO. "A guerra acaba amanhã": Samba. Francisco Alves acompanhado por Abel com Claudionor Cruz e seu conjunto.
Número da Matriz: 7705
Gravado a 20 de novembro de 1944

◆ **LADO B**

MARTINS, Herivelto e RESSURREIÇÃO, Valdemar. "Que rei sou eu?": Samba. Francisco Alves acompanhado por Abel com Claudionor Cruz e seu conjunto.
Número da Matriz: 7701
Gravado a 13 de novembro de 1944

**DISCO ODEON Nº 12.537**
Lançamento: janeiro de 1945

# 158

◆ **LADO A**
LACERDA, Benedito e LOBO, Haroldo. "Coitado do Edgard": Samba. Linda Batista e regional.
Número da Matriz: ms-078084-1
Gravado a 6 de novembro de 1944

◆ **LADO B**
LACERDA, Benedito e LOBO, Haroldo. "A cobra está fumando": Marcha. Linda Batista e orquestra.
Número da Matriz: ms-078085-1
Gravado a 6 de novembro de 1944

**DISCO RCA VICTOR Nº**
80-0248
Lançamento: janeiro de 1945

# 159

◆ **LADO A**
TAMBOR-DE-CRIOULO. São Luís do Maranhão, 19-6-1938 (n. I).

◆ **LADO B**
TAMBOR-DE-CRIOULO. São Luís do Maranhão, 19-6-1938 (n. II).

DISCO Nº 28 DA SÉRIE FOLCLORE MUSICAL DA DISCOTECA PÚBLICA MUNICIPAL DE SÃO PAULO[112]

112 Apesar de a Missão de Pesquisas Folclóricas ter registrado o título no masculino, trata-se, na verdade, de tambor de crioula.

# 160

TAMBOR-DE-MINA. Terreiro Fé em Deus de Maximiliana Silva. São Luís do Maranhão, 17 e 18-6-1938 (n. I ao XXVI).

DISCOS NÚMEROS 15 A 27 DA SÉRIE FOLCLORE MUSICAL DA DISCOTECA PÚBLICA MUNICIPAL DE SÃO PAULO

# 161

XANGÔ. Terreiro de Santa Bárbara de Idida Ferreira Mulatinho (Guida). Recife/Pernambuco, 26-2-1938 (n. I ao XXVIII).

## DISCOS NÚMEROS 1 A 14 DA SÉRIE FOLCLORE MUSICAL DA DISCOTECA PÚBLICA MUNICIPAL DE SÃO PAULO[113]

113 Capas de fábrica dos discos 156 a 161 não têm anotações de Mário de Andrade.

# APÊNDICE

# ARTIGOS E DOCUMENTAÇÃO

# Justificação de verba para 1937 sobre gravação de discos[1]

A discografia nacional, erudita e popular, é sumamente pobre. As casas gravadoras seguem naturalmente seus interesses comerciais e nada fazem, no domínio da música erudita, de artisticamente recomendável, e no domínio da música popular – de folcloristicamente sério. Não se pode esperar que esse programa de trabalho das casas gravadoras seja melhorado enquanto o público mesmo não começar a exigir coisa melhor.

E como o nosso povo, ainda sem educação musical, provavelmente levará bom tempo a mudar de gosto, é natural que não se possa confiar às casas gravadoras o destino exclusivo de nossa música registrada.

O nosso imenso, o nosso riquíssimo patrimônio folclórico musical está todo por explorar. Até a fundação da Discoteca Municipal nada se fizera nesse terreno (não só no Brasil, mas na América do Sul). Entretanto, a Europa sentira desde 1899, desde o aparecimento dos primeiros aparelhos fonográficos deficientíssimos de Edison, o valor inestimável do fonógrafo posto a serviço das pesquisas científicas não só de folclore, mas também de fonética. Discotecas – como a da Universidade de Viena, fundada nesse mesmo ano de 1899 pelo dr. Exner – mandam expedições a toda parte do mundo. A Alemanha tem uma notável coleção de fonogramas de nossa música indígena, enquanto nós próprios nada possuímos a esse respeito. A Rumania vê nascer a seção de pesquisas musicais folclóricas por meio do disco, do Ministério das Belas Artes; vê nascer a valiosíssima, eficientíssima Sociedade dos Compositores Rumenos. Na França, a Sorbonne trabalha seriamente. E assim em toda a parte.

E, em toda a parte, os governos, quando não iniciam eles mesmos as campanhas científicas, são os patrocinadores delas. Há colaborações internacionais, há auxílios mútuos entre organizações de países longínquos, para preservação do que uma terra tem de mais estimável: sua tradição, as manifestações culturais de seu povo. Mandam-se expedições a todos os cantos

1 Mário de Andrade, "Justificação de verba para 1937 sobre gravação de discos". São Paulo (município). Pasta 1935 a 1939. Não catalogado. Fundo Discoteca Pública Municipal. Acervo Histórico da Discoteca Oneyda Alvarenga. Secretaria Municipal de Cultura. Centro Cultural São Paulo.

do mundo, porque o movimento europeu de pesquisa pelo disco nunca se circunscreve ao interesse pelo lugar onde se inicia.

Pesquisas dessa espécie requerem dinheiro. É preciso que se viaje, que se vá longe, que se busque pacientemente por toda a parte e que se registre o que se encontra de notável onde se o encontra. A Discoteca Municipal teve em 1936 para a gravação 80:000$000.

Aparentemente, uma coisa enorme. Que lhe permitiu realizar entretanto? A filmagem sonora de uma congada (seja dito de passagem, cientificamente notável), a gravação de uma sonata de Carlos Gomes, restando-lhe verba para gravar aproximadamente 40 matrizes. É muito, notando-se que esse movimento não ultrapassa uma iniciativa municipal. Mas é culturalmente pouquíssimo, se nos lembrarmos, por exemplo, que o Arquivo de Fonogramas adido à Escola Superior de Música da Universidade de Berlim tinha em 1929 já 10.000 cilindros gravados, alguns com 4 a 5 fonogramas.

Em gravação fora, com o gravador portátil, ou em estúdio, esse trabalho fica naturalmente caro. Viagens de estudos não ficam em pouca coisa, nem se fazem em dois dias. O indivíduo que estuda o povo tem que ficar à disposição dele, porque o povo só dá o que quer dar e quando quer dar. A música erudita gravada em estúdio fica em 900$ as duas matrizes que formam um disco, e a tiragem de cada disco dessas gravações, em 7$800.

Mas é preciso acentuar o que representam para a cultura geral de S. Paulo esse esforço e esses gastos? A nossa música, não dizemos a folclórica só, mas a erudita também, não é conhecida nem de nós mesmos, lamentavelmente. A quem pede exemplares típicos do que seja a nossa música popular ou do que representa bem a nossa música erudita, o que temos para mostrar? Três dúzias de gravações populares, fantasiadas pelos intérpretes, sem critério científico (sem exato valor de documento, portanto), o "Quarteto 2" e o "Choro 3" de Villa Lobos, 2 cançõezinhas de Carlos Gomes e uns trechos do "Guarani", do "Salvador Rosa" e do "Escravo". Em essência, é só.

Os 100:000$000 pedidos permitirão o seguimento de um trabalho que é realmente um trabalho de urgência. Todos os países estão admiravelmente representados na discografia universal, não só por iniciativa das casas gravadoras (nos países onde o disco rende economicamente muita coisa), mas de organizações públicas e sociedades particulares também. Na Finlândia, por exemplo... A Sociedade Sibelius homenageia o seu ilustre patrono fazendo gravar, pela inglesa His Master's Voice, as obras essenciais dele, com apresentação em álbuns luxuosos, acompanhados de opúsculos explicativos das peças em questão e da vida e obra do mestre.

É claro que nós não poderemos nos encarregar, como organização municipal que somos, da música erudita do país inteiro. Mas gravando a boa, a excelente música dos compositores da escola paulista e buscando o que há de essencial e característico no folclore musical brasileiro para estudos científicos e base de trabalhos para esses mesmos compositores, teremos feito por nós mesmos e pelo povo mais que 250 discursos pomposos.

# O fonógrafo[2]

A extraordinária perfeição a que com os últimos aparelhos atingiu a música fonográfica fez com que essa manifestação musical esteja preocupando muito a atenção dos musicógrafos.

Pode-se dizer que já não há quase nenhuma revista musical do mundo que não traga estudos sobre discos novos e mesmo muitas delas já incluem entre as suas seções permanentes uma de crítica de discos.

No ano passado, o Conselho de Ministros da Itália criou, com o nome de Discoteca do Estado, um museu de discos. Esse instituto, cuja importância histórica e técnica foi sobejamente encarecida por todos quanto se preocupam com a música na Itália, tem como função principal registrar todas as canções populares regionais e tradicionais italianas que, abandonadas na voz do povo, vão sendo esquecidas e substituídas por outras. Ora, dada a importância básica que tem a música folclórica na alimentação das escolas musicais nacionais, é fácil da gente imaginar a importância decisiva da Discoteca na conservação da italianidade da música italiana.

Entre nós quase nada se tem feito a esse respeito. Roquete Pinto, na exploração que fez pela Rondônia, registrou vários cantos indígenas em discos. Mas, pelo que contam, a desatenção com que olhamos para as nossas coisas fez com que o trabalho dele fosse quase inteiramente perdido. Os discos, guardados no Museu Nacional, não o foram com o cuidado merecido. Andando ao atá pelas gavetas ou muitos se quebraram e outros, manuseados por curiosos sem outra responsabilidade além da curiosidade, estão já gastos e imprestáveis. E o que é pior, pelo que me informou um músico de valor que os escutou, se alguns desses discos foram traduzidos em caligrafia musical e impressos, quem fez esse trabalho não tinha senão relativa responsabilidade e a tradução é muito falseada e não corresponde em nada às músicas dos fonogramas.

Nossa música popular é um tesouro prodigioso, condenado à morte. A fonografia se impõe como remédio de salvação. A registração manuscrita é insuficiente, porque dada a rapidez do canto é muito difícil escrevê-lo e as palavras que o acompanham.

Tanto mais que a dicção e a entoação dos cantadores é extremamente difícil de ser verificada imediatamente com nitidez.

2 *Idem*, "O fonógrafo", *Diário Nacional*, ano 1, n. 193, coluna Arte, 24 fev. 1928, p. 2 (BNDigital, *online*).

Usam uma nasalação e um portamento constante tão sutil, ao mesmo tempo que o *rubato* rítmico de imprevistos tão surpreendentes e livres que o músico fica quase na impossibilidade de traduzir imediatamente na escrita o que está escutando. Por tudo isso o fonógrafo se impõe.

Não é possível num país como o nosso a gente esperar qualquer providência governamental nesse sentido. Cabe mais isso (como quase tudo) à iniciativa do povo. São as nossas sociedades que podem fazer alguma coisa para salvar esse tesouro que é de grande beleza e valor étnico inestimável. Parece-nos que sobretudo a sociedade dos Bandeirantes, fundada no Rio, podia fazer o trabalho que se impõe como imediato. Deixamos o apelo aqui.

M. de A.

# Discos e fonógrafos[3]

Hoje em dia já é possível a gente falar que gosta de fonógrafos e discos sem que os professores de música se riam. Não é mais possível que eles debiquem uma produção musical que pela perfeição, sem abrir concorrência com os concertos e com a música individual, é manifestação perfeitamente legítima e agradável de arte. Certas vitrolas ortofônicas e certos discos Victor de gravação elétrica já conseguem uma verdade tal que vale a pena a gente escutar arte assim da melhor. Principalmente nesta terra em que a manifestação artística, boa mesmo, só aparece quando em quando. Nada mais legítimo do que a gente se deliciar escutando, por exemplo, a interessante transcrição para orquestra da "Tocata e fuga em ré menor", de Bach, executada pela Orquestra de Philadelphia, ou as interpretações prodigiosamente interessantes de Cortot, em Liszt ou Chopin. Cortot só faz *tournées* de concerto na chamada "América". Para o Brasil jamais virá. Só mesmo em discos, e de uma exatidão magnífica, podemos gozá-lo.

Outro dia dei uma nota sobre fonógrafos e a nova Discoteca italiana. Isso produziu um convite de audição que a Casa Christofle me fez e aceitei gozado. Ontem passei lá mais de hora escutando uma série verdadeiramente ótima de discos e vitrolas. Este gênero de produção musical está alcançando um lugar indispensável até na musicologia. Faz pouco ainda recebi uma *História da música*, saída na Alemanha, que abrindo as citações musicais, tão imperfeitas quase sempre para o leitor perceber o efeito citado, ao invés de chapa, apenas como nota no baixo da página: "Disco tal, casa tal".

Nas minhas lições de estética e história da música, no conservatório, só vendo a dificuldade que tenho para dar exemplos e citações. Geralmente não dou o exemplo. Minha convicção é de que as casas de ensino musical deviam possuir um bom aparelho fonográfico e uma discoteca. Só mesmo com isso um professor de história musical, de estética, ou mesmo um professor de instrumentos podia dar para os alunos um conhecimento verdadeiramente prático e útil. Quanto à história, então, acho que a utilização das vitrolas modernas está se tornando uma precisão imperiosa.

M. de A.

3 *Idem*, "Discos e fonógrafos", *Diário Nacional*, ano 1, n. 207, coluna Arte, 11 mar. 1928. p. 2 (BNDigital, *online*).

# Cinema sincronizado[4]

A aplicação dessa grande invenção dos nossos dias tem sido até agora a mais desilusória possível. O cinema está se tornando absolutamente insuportável. Já não falo nessa confusão de cinema com teatro, que é o que mais se vê, mas o próprio emprego da música é detestável. A infinita maioria dos filmes sonoros são horrores. Agora o único assunto que impera é o que trata da realização de revistas. Qualquer assunto em torno de cantor de jazz ou de bailarinas de Broadway. E qual a música que nos dão com isso? Uns romances sentimentais da pior espécie e jazz. Jazz e mais jazz.

Uma pobreza horripilante e monótona de jazz. O que se toca nas salas de espera e nos intervalos dos filmes? Jazz. Em todos os filmes? Jazz. Eu adoro o jazz e sei que ele criou novos efeitos orquestrais importantíssimos na evolução da música moderna.

Sei mais que, como toda e qualquer música popular urbana, ele é duma irregularidade artística humilde, conseguindo, no entanto, apresentar, quando senão quando, obras-primas admiráveis. Mas assim quotidiano, de toda hora, é que a gente percebe como, no meio da sua riqueza rítmica e sinfônica, o jazz é paupérrimo. Todos os efeitos dele são por demais salientes, ficam impressionando definitivamente a memória, de forma que a repetição de qualquer um fatiga a ponto de se tornar obsessão. Jazz assim é horrível.

O cinema sonoro já conseguiu realizar obras-primas, porém não imaginem que vou citar *O pagão*. As obras-primas do cinema sonoro são esses filmezinhos de abertura das sessões. São esses desenhos animados a que a música interpreta com efeitos cômicos. A comicidade é mesmo a parte mais saliente da criação artística da nossa época. Toda a série do gato, por exemplo, está formando um colar de filmezinhos admiráveis. E então a "Dança macabra" levada ultimamente no Rosário, isso é uma obra-prima perfeita, coisa das mais perfeitas que o cinema inventou até agora. A qualidade do desenho, a invenção das atitudes, o apropósito dos efeitos musicais, das paródias de Grieg e outros compositores, a aplicação perfeita do jazz a isso dão ao filme uma qualidade artística ótima. Essas são as

4 *Idem*, "Cinema sincronizado", *Diário Nacional*, ano 3, n. 793, coluna Quartas Musicais, 29 jan. 1930, p. 7 (BNDigital, *online*).

obras-primas do cinema sonoro. Tudo o mais pode de vez em longe apresentar um efeito excelente, uma qualidade nova, porém ou não passa de tentativa, ou é confusão, monotonia e cultivo da banalidade.

Mário de Andrade

# Cinema sincronizado e fonografia[5]

Essa história de cinema falado e cantado e não sei que mais é um problema importantíssimo e complexo por demais pra que eu possa destrinchar num parágrafo de crônica tudo o que ele me faz pensar. Irei tratando aos poucos dele.

Hoje o que está me interessando é o lado tristeza que deu pros cinemas. O grande valor do fonógrafo e da sua vasta parentela contemporânea é ser um instrumento com caráter próprio. Inda um dia destes, não me recordo mais em que revista, eu lia um artigo anunciando que já se tratava de escrever música diretamente ou antes especialmente pra fonógrafo, aproveitando os caracteres essenciais de sonoridade desse aparelho, que a maioria considera apenas como um reprodutor de sons alheios. Isso não é verdade. O fonógrafo realiza sonoridades especiais, que ainda podem ser muito mais especificadas se os artistas tratarem disso. Se repare por exemplo quando a gente escuta uma peça pra violino ou pra piano, executada ao fonógrafo. Não tem dúvida que a gente reconhece que os instrumentos realizadores do som registrado são violino e piano, porém, atentando bem, se percebe que não é violino nem piano que realizam o som: é fonógrafo. O fonógrafo tem, pois, uma sonoridade toda especial, que pode produzir timbres diferentíssimos. Ninguém escutando uma peça pra canto registrada por um fonógrafo dirá que é uma pessoa que está cantando. O timbre é parecido, no caso, com voz humana, porém não é diretamente essa voz.

Portanto, o fonógrafo possuindo técnica própria e que, no caso, é mecânica, e possuindo timbre especial que lhe pertence particularmente, o fonógrafo é um instrumento como qualquer outro, passível, portanto, de adquirir especialização. Músicas pra fonógrafo, como existem músicas pra pianola.

Agora: o importante a verificar é que todo instrumento possui no seu caráter e também na sua função uma particularidade essencial que lhe determina a ambiência. Isso é incontestável. Seja por pura questão de preconceito ou não, o certo é que, desde Monteverdi pelo menos, os instrumentos principiaram adquirindo uma espécie de psicologia pessoal, psicologia que

5 *Idem*, "Cinema sincronizado e fonografia", em: "Artigos meus sobre música (publicáveis em livro)", datado de 1930, Série Manuscritos Mário de Andrade, caixa 13, Fundo Mário de Andrade, Instituto de Estudos Brasileiros, Universidade de São Paulo.

lhes determina o ambiente pra funcionar e que, por associação de imagens, provoca em nós a revivescência desse ambiente. Não é possível mais negar, por exemplo, o caráter pastoril do corno inglês. Ora, inda mais importante que esse caráter é a aplicação aos instrumentos do prolóquio "cada macaco no seu galho". Os instrumentos possuem sempre, determinado pelo caráter e possibilidades deles, um ambiente específico, onde ficam melhor. Um piano ao ar livre perde incontestavelmente cinquenta por cento da sua personalidade e da sua função. Ao passo que ao ar livre, de noite, a flauta ganha um poder formidável de comoção e possibilidades acústicas[6]. Há instrumentos familiares, há outros que requerem dentro da ambiência familiar ora nobreza, ora modéstia de colocação. Um órgão dentro duma casa de família é berrante e aberrante.

O fonógrafo é essencialmente um instrumento de lar. A função específica dele é transportar pra dentro de casa toda a representação (não reprodução) da música universal. É objeto de estudo e de prazer musical, mas, isolado, ele determina o ambiente de estudo ou de prazer pra dentro de casa: casa de estudo ou família. Quando a gente sai de casa pra se divertir, quer e carece de outros prazeres que não os familiares. É certo que os processos modernos aumentaram formidavelmente o poder sonoro da fonografia, mas nem por isso ela perdeu as suas exigências essenciais de ambiência.

E é isso que está causando agora um contraste tão duro dentro das salas de cinema que a sensação da gente é de inenarrável tristeza. A sessão abre. De primeiro eram orquestrinhas detestáveis que tocavam no geral sempre a mesma marchinha ou dobrado de abertura. A peça era detestável, convenho, e detestavelmente executada. Mas era orquestrinha. Cousa característica dos ambientes de divertimento fora do lar. A gente se ambientava, pois, muito bem. Olhava as fitas e na maioria das vezes esquecia a orquestrinha. Sem que por isso, está claro, ela deixasse de agir em nós e preservar dentro de todos a ambiência de prazer público. Eu admito que certas peças sincronizadas ganham bem musicalmente com a sincronização vinda com ela, e não são essas fitas que ataco. Mas acho censurável e ataco é os mitras de donos de cinema que dispensaram[7] as orquestras e agora, à guisa de

6 A palavra "acústicas" não constava no texto publicado no *Diário Nacional*; ela foi acrescentada posteriormente por Mário de Andrade em seu manuscrito.

7 Posteriormente, Mário de Andrade suprimiu em seu manuscrito algumas palavras que constavam na publicação original: "[...]. Mas acho censurável e ataco é os mitras de donos de cinema que [por causa disso] dispensaram as orquestras [...]".

música de cinema, nos impingem discos e mais discos que a gente acabou de escutar em casa mesmo. Isso é que é detestável e não pode continuar assim. O cinema sincronizado não dispensa as orquestras no lugar. Cada macaco no seu galho.

Mário de Andrade

# Gravação nacional[8]

Alguns clamam contra a produção nacional de discos e, meu Deus, afinal das contas têm razão. Mas essa razão é o mais ou menos sutil, mais de ordem filosófica que propriamente objetiva. Uma coisa de que estou bastante convencido é que o homem é mesmo um ser notabilíssimo, muito superior ao que parece na realidade. Essa é a razão pela qual podemos nos ofender com a discagem que sai. A fonografia brasileira, ou pelo menos realizada no Brasil, não tem apresentado o homem brasileiro na sua superioridade virtual.

Mas, como se está vendo, o argumento é de ordem perfeitamente universal. Primeiro, quero saber: mas em que ordem de manifestação humana o homem brasileiro tem se conservado nesse domínio da sua superioridade virtual, que ele podia ter? Na economia temos sido duma desastrosa bestice apesar da clarividência dos Murtinhos. Na política, atos dignos de tradição não sobem talvez a cinco por cento na gesticulação nacional. Na poesia a porcentagem é pouco maior, ponhamos uns vinte por cento. E prás artes em geral vinte por cento já é muito.

Porém o que não consola, mas pelo menos explica, essa inferioridade do homem brasileiro em relação a si mesmo é que em todos os países do mundo se passa mais ou menos a mesma coisa. Quais os livros de versos que se salvam na poetagem francesa, por exemplo? Incontestavelmente uma ninharia em relação ao todo. De certo os franceses são dos piores poetas do mundo e escolhi mal o exemplo. Peguemos o jazz, que está mais próximo da verdade. Já está mais que sabido que o jazz é um dos problemas mais complicados da etnografia universal e o melhor é a gente ficar pensando que um jazz definitivo específico e histórico não existe. Mas o que me impressiona é que também não existe ianque profundamente sabido em coisas de jazz que não recuse por não ser produção básica, e não ter a superioridade... virtual do jazz, noventa por cento da manifestação que corre como tal, já não digo no mundo, mas norte-americana. Inda faz pouco afirmava isso mesmo Irving Schwerké (*Kings Jazz and David*), acrescentando que mesmo as orquestrinhas ianques de negros, judeus e internacionais que percorrem a terra são apenas jazz pra inglês ver e nada têm desse legítimo rei do nosso tempo.

8 Mário de Andrade, "Gravação nacional", *Diário Nacional*, ano 4, n. 956, 10 ago. 1930, p. 3 (BNDigital, *online*).

De todas essas considerações aparentemente otimistas em relação ao Brasil, me convenço de outra coisa: estou inabalavelmente convencido de que o homem é incapaz de ser humano e que na realidade o que ele é, com perdão da palavra, não digo.

Da discação internacional, escapam do ruim talvez uns trinta por cento. Está claro que não falo como fabricação, que essa em algumas fábricas, Brunswick, Victor, Gramophone, a maioria das vezes é esplêndida. Falo da música que essas mesmas fábricas nos dão. E se a crítica de discos universal não estivesse ainda tanto no domínio dessas gentilezas, ponhamos, sociais que permitem a um Henry Prunières criticar com a mesma complacência "Pulcinella" de Stravinski e "E lucevan le stelle"..., estou vendo o clamor humano justo, justificadíssimo contra a discoteca universal.

A discação brasileira é quase que exclusivamente do domínio da música popular urbana, quero dizer, a depreciada, banalizada pelos males da cidadania. O favor dum amigo vitrolófilo (quanto neologismo!) me tem proporcionado felizmente a audição desse gênero musical, de vários países europeus e americanos. Franqueza: a produção é o que tinha de ser, dada a incapacidade do homem ser humano. E não é inferior à nossa. Nem superior. O bom, o que mostra o homem na sua superioridade virtual, continua duma porcentagem mínima. O que temos a fazer, os que colecionamos Dante, Shakespeare, Shelley, Goethe, Heine e talvez Baudelaire em nossas bibliotecas, é selecionar também os discos de valor.

Ultimamente ainda ouvi dois que não podem ficar ausentes duma discoteca brasileira: o *Babaô Miloquê* (Victor) e o *Guriatã de coqueiro* (Odeon). São duas peças absolutamente admiráveis como originalidade e caráter. E admiravelmente executadas.

A história do primeiro nos dá uma lição. A primeira registração da melodia era banal, não escapava da sonoridade normal das orquestrinhas maxixeiras do Rio. Foi recusada por isso. O autor, Josué de Barros, se viu na contingência de fazer coisa "nova". Mas o novo pro indivíduo folclorizado é muito relativo e as mais das vezes se confina (felizmente) em desencavar passados que guardou de sua própria vida, ou lhe deram por tradição. Toda a originalidade do "Babaô Miloquê" está nisso. Uma orquestração interessantíssima que, excluindo os instrumentos de sopro, é exatamente, e com menos brutalidade no ruído, a sonoridade de percussão dos maracatus do Nordeste.

A lição está clara. Exigir do produtor de músicas folclorizado que não se deixe levar pelo fácil que lhe dá menos trabalho. Guiar os passos dele pra evitar nos discos (que não são documentação rigidamente etnográfica) a monotonia que é por exemplo a censura possível a discos também esplêndidos como *Vamo apanhá limão* (Odeon), o *Senhor do Bonfim* (Victor), ou o recente *Escoieno noiva* (Columbia), da série regional de Cornélio Pires. A intromissão da voz tem de ser dosada pra evitar o excesso de repetição estrófica. Os acompanhamentos têm de variar mais na sua polifonia, já que não é possível na harmonização, que os tornaria pedantes e extrapopulares. E variar também na instrumentação. E que isso é possível dentro do caráter nacional provam muito bem os dois lindos discos que citei anteriormente.

Mário de Andrade

# Cuba, outra vez[9]

A música afro-cubana tem sido a fecundadora de todo, ou quase todo, o populário sonoro americano. Parece mesmo que a sua finalidade é essa: dar origem a criações novas em outras terras desta variada América. O populário musical afro-cubano nem por isso é muito bonito, nem mesmo duma originalidade espaventosa. É um populário interessante, agradável, mas que não sobressai no meio das vastas riquezas populares do mundo. Porém possui essa faculdade especial de ser eminentemente inspirador de criações muitas vezes mais bonitas e até mais originais.

É o caso, por exemplo, do tango e do maxixe, ambos provenientes, ou melhor, estimulados pela música afro-cubana. Ambos surgem e se desenvolvem naqueles tempos em que a habanera dominava as sociedades ibero-americanas. No tango até inda agora se percebe o corte rítmico da habanera. Então aqui no Brasil nem se fala! A habanera viveu e produziu o mesmo intenso fornecimento de música impressa nacional.

Só que se atrapalhavam muito com a nacionalização da palavra, o que é engraçado. Os mais razoáveis se limitavam a dizer a voz castelhana. Mas havia os que a queriam traduzir, e vemos então aparecer essa palavra esdrúxula, "havanera", ficava tão mais exato "havaneira"! Mas é "havanera" que a gente encontra abundantemente praticada pelos compositores de havaneiras brasílicas. E até por gente de mais peso, a julgar por Adelino Fontoura, que numa das suas poesias enumera:

"E valsas de Metrá e moles havaneras".

Essa trapalhada não era, porém, só linguística; era ainda determinada pela própria concepção das peças. O compositor, entre influências e provas evidentes de originalidade pessoal ou nacional, ficava atarantado, sem saber afinal das contas o que tinha composto, era havanera? Era polca? Chula?... Então fazia como aquele G. E. Lopes, cujo op. 32, o "Pirilampo", ele acabou, por via das dúvidas, chamando quase que por todas as palavras do dicionário, com mentira e tudo. Na capa escreveu "Habanera", mas na cabeça da música esclareceu: "Tango-lundu", com hífen. É como se vê um prodígio de honestidade batismal.

9 *Idem*, "Cuba, outra vez", *Diário Nacional*, ano 5, n. 1.363, 17 jan. 1932, p. 3 (BNDigital, *online*).

Essa foi a primeira vez que Cuba nos fecundou grandemente. Aqui fez nascer um repertório vasto de havaneiras-tangos-lundus; aqui deixou indelével o ritmo que os afro-cubanos chamam de "tangana", até hoje conservado; estimulou, junto com a polca, a invenção do maxixe. E desapareceu do nosso convívio musical.

Mas agora volta de novo, é verdade que via Estados Unidos por estes estarem mais próximos decerto... Os Estados Unidos também já tinham acolhido o ritmo tangana nos fox e outras formas de jazz. Há, porém, entre a raça ianque e isto que ainda se pode chamar de raça, que são os brasileiros, uma diferença essencial: os ianques, como raça que são, a tudo quanto recebem, deformam e organizam conforme os caracteres nacionais. Nós não; é cada coisa que recebemos que nos transforma e organiza... Haja vista como os gaúchos e outros brasileiros dos limites são fragílimos no receber e aceitar vozes e expressões de línguas estranhas com que estão em contato. Cesar Martinez, em *Os sertões do Iguaçu*, conta coisas espantosas de brasileiros (?) chefes-políticos ou prefeitos, não me lembro bem, falando castelhano e ignorando a língua espanhola, salvo seja. No Norte, presenciei com espanto esta vivaz inteligência nortista, nem bem passávamos pra águas peruanas ou bolivianas, o navio nacional vira não sei de que pátria pela língua, toda a gente se exprimindo às vezes até inconscientemente em castelhano.

Bem, me esqueci que estava falando de música. Pois os americanos descobriram certos efeitos curiosos e músicas bonitas afro-cubanos e criaram o "rumba-fox", que, a meu ver, vale principalmente pelos novos efeitos com que enriquece a orquestra do jazz. Está claro que os brasileiros logo fizeram rumbas e até os efeitos sinfônicos do nosso gostoso choro estão se modificando com a introdução de instrumentos novos. Eu já possuía o "Manicero" cubano, quando de repente comecei escutando por aí uma peça lindíssima de jazz, "O vendedor de amendoim", utilizando e, franqueza, melhorando o tradicional pregão cubano. Não demorou muito a Victor[10] do Brasil lançava no mercado aquele disco que, apesar de alguma banalidade, é uma coisa deliciosíssima, a *Cena carioca*. E, desde então, via New York, os cubanos reprincipiaram de novo fecundando a música do Brasil. Mas não faz mal, não. Como da primeira feita, a influência vai sendo utilíssima, produzindo peças admiráveis,

10 Trata-se, na verdade, do disco Odeon nº 10.800. Ver n. 71 deste livro.

como essa quase obra-prima que é a batucada "Já andei", que também as vitrolas vivem por aí martelando. Ou "costurando", pra se ficar mais próximo da agulha.

Mário de Andrade

# Carnaval tá aí[11]

Preocupações, preocupações, comunismo, Instituto do Café, falam os heróis, mas, mas, Carnaval tá aí. Otília Amorim, num samba, com razões que sem serem propriamente intelectuais, razões de perna, digamos, que sempre também são razões, filosofa que nem mesmo o dinheiro é que lhe permite a felicidade que possui... Carnaval tá aí, agruras, desocupação itinerante, álcool motor... nada prejudica: o Brasil vai entrando em estado de felicidade. Já é sabido que o preparo e, enfim, gozo do Carnaval é uma das causas do nosso conformismo.

Mas o que me interessa no Carnaval neste momento é a nossa música, que sempre teve nele uma das fontes fecundas da sua evolução. O maxixe nasceu do Carnaval, parece quase certo, lá na caverna carioca dos estudantes de Heidelberg. Nele ainda a nossa dança cantada principal evolucionou. Ao contato dos temas melódicos nordestinos se tornou melodicamente mais pesada, menos irrequieta na rapidez de movimento. E retomou por isso e com isso o nome de samba, que hoje é uma variante do maxixe carioca mais importante que ele, até no próprio Rio de Janeiro.

O Carnaval é uma espécie de cio ornitológico do Brasil, o país bota a boca no mundo numa cantoria sem parada. Vão aparecendo as danças novas, as marchinhas safadas, os batuques maracatuzados. Dantes as cantigas novas vinham mais penosamente através da música impressa e a propaganda das orquestrinhas de bares, agora não: o lançamento se faz quase exclusivamente através dos discos de gramofone. São as grandes casas de fonografia que se incumbem atualmente da fixação e evolução da nossa dança cantada.

Ora, estes últimos anos os discos de Carnaval nada têm produzido de muitíssimo notável, a Pavuna do ano passado era duma mediocridade desolante. Se não me engano, depois do Pinião que do Nordeste veio, não tivemos mais nada de verdadeiramente bom. Tenho aqui comigo os discos de Carnaval lançados agora pela fábrica Victor, e encontro no meio deles, entre as mesmas mediocridades de sempre, três discos de valor artístico e excepcional. Não sei se terão sucesso popular e ficarão na memória das ruas carnavalescas, o povo é sempre um segredo. Ora acata o bom, ora o pior, dominado por uma lei secreta que pelo menos por enquanto ninguém não

11 *Idem*, "Carnaval tá aí", *Diário Nacional*, ano 4, n. 1.082. 18 jan. 1931, p. 3 (BNDigital, *online*).

descobriu. Não posso augurar nada pois, mas nada impede que sejam estes três discos, das coisas melhores da discagem popular nacional.

Dois deles representam bem o Rio, o terceiro é todo o Nordeste carnavalesco: *Nego bamba* (33413), *Desgraça pouca é bobage* (33404), e *São Benedito é ôro só* (33380).

Dos dois primeiros preciso guardar o nome do compositor, J. Aimberê, que será talvez o substituto de Sinhô, não sei. Estas obras deles são curiosíssimas. Pegou bem aquela maneira de seccionar constantemente as frases do canto, coisa que Sinhô tinha com admirável habilidade e em que o nosso canto maxixeiro de procedência negra vai coincidir curiosamente com o processo improvisatório vocal dos blues afro-ianques. Mas não é apenas pela música que *Nego bamba* e *Desgraça pouca* são esplêndidos. São na realidade discos perfeitíssimos como riqueza e caráter orquestral, como escolha de sonoridades vocais e como gravação. A fábrica Victor tem hesitado e mesmo errado bastante nas suas gravações brasileiras. Diante de sonoridades novas, de processos novos de cantar, era natural, os técnicos norte-americanos que vieram para cá se desnortearam. Muitos foram os insucessos, em principal pela má disposição dos instrumentos ante o microfone. Especialmente nas cantigas e danças com viola, só ultimamente, ao cantar do delicioso piracicabano Zico Dias, é que a fábrica Victor conseguiu algum equilíbrio e discos bons. Nestes agora a gravação já é perfeita.

E quem merece ainda todos os aplausos é a cantora, Otília Amorim, cuja voz gasta e admiravelmente expressiva... do que se trata, soube tirar efeitos magníficos, principalmente no "Nego bamba", que, no gênero, é incontestavelmente uma obra-prima.

A outra obra-prima do terno é o "São Benedito é ôro só", de Mota da Mota, sem dúvida aproveitando temas nordestinos. Que saudades que me deu, Recife, cair do frevo, ou então, lá prás bandas do trem de ferro, sambando com os negros do Leão Coroado, até fugir num último esbafo, pedindo a bênção pra cachorro e chamando gato de tio... O disco é uma adaptação admirável dos processos musicais de maracatus, conseguindo, sem descaracterizar nada, tirar os defeitos da manifestação popular, em principal o excesso desequilibrado da percussão que chega às vezes a impedir totalmente que se escute a linha da melodia. No disco, não; a introdução discreta dum instrumento de cordas dedilhadas, na percussão é duma graça deliciosa, o percuciente da voz solista, quase tão excelente na sua nasalação como o maravilhoso solista do "Vamo apanhá limão", a bonita cor do segundo plano do coral, tudo concorre pra fazer desse disco uma das obras-primas da discação nacional.

Qual! Diante de coisas assim, a gente perde mesmo a tramontana, cai no frevo e manda à fava todas as circunspecções. E tanto mais este ano, em que a rapidez da desgraça e a oratória dos heróis só tornou mesmo possível a felicidade de Otília Amorim...

"— Tu vais!

Mas, e os teus pais?

— É Carnaval!..."

Mário de Andrade

# O disco popular no Brasil[12]

I – Valor do disco para auxiliar do folclore musical.
II – Conceito puramente comercial da discografia popular universal e particularmente da sul-americana.
III – Razões da situação pejorativa da América do Sul:
a) Comércio feito por empresas estrangeiras;
b) Pouco desenvolvimento do estudo científico do folclore entre nós.
IV – Qual o valor científico dos discos populares sul-americanos?
a) Ocasiões em que a ciência coincide com o comércio:
1. Por certos gêneros populares serem infensos à influência universalista das cidades (a moda caipira) (certos discos da feitiçaria carioca) (o disco africano que possuo)[13].

2. Quando a música popular (e não canção popular) é justamente derivada da influência universalista das cidades (o choro brasileiro, o maxixe) (o disco boliviano que possuo). O caso da rumba e a sua conversão em foxtrote (citar os dois discos do "Vendedor de amendoim" que possuo)[14].

12 Série Manuscritos, Fundo Mário de Andrade (IEB/USP). Três folhas de papel ofício, na cor azul, manuscrito a lápis preto ocupando frente e verso da folha 1 e frente da folha 2; sem data e sem assinatura.

13 Em sua coleção, Mário de Andrade possui algumas modas caipiras: de Alvarenga e Ranchinho, "A muié pra cada um"; de M. G. Barreto, "Chora nenê"; de L. B. Campos e G. Machado, "Um paulista pelo norte"; de Bimbo, "Gererê"; de Zico Dias e Ferrinho, "Adeus campinas das flor", "Os canário estão cantando", "Eu sofro grande tristeza", "Eu quero ser um desertor", "Quando Deus formou o mundo", "Revolução Getúlio Vargas" e "A morte de João Pessoa"; de O. Laureano, "Moda dos tecelões", "Revolta de São Paulo", "Muié sapeca", "O cravo", "A madrugada" e "O jogo do truco"; de M. R. Lourenço, "Casamento da onça", "Minha noiva", "Triste festa de São João", "Rebentô a revolução" e "Isidoro já vortô"; de B. Monteiro, "P'ra que sodade?" e "Prende os cabritinhos"; e de Cornélio Pires, "Escoieno noiva", "Situação encrencada" e "Jorginho do sertão". De feitiçaria carioca, possui, de Cícero de Almeida, "Orobô" e "Aruê de Ganga"; de Getúlio Marinho, "Auê", "Cafioto", "Ererê", "Rei de umbanda" e "Na mata virgem"; de Gastão Viana, "Meus orixás", "No terreiro de Alibibi" e "Mironga de moça branca"; e, de Príncipe Pretinho, "Quem tá de ronda?". O disco africano mencionado é, provavelmente, o que traz os cantos de Exu e de Ogum com Elói Antero Dias, Getúlio Marinho e o Conjunto Africano.

14 Classificados como choros, Mário possui: de Atílio Grany, "Aguenta calunga" e "Chorando sempre"; de Radamés Gnatalli, "Saudoso e dengoso"; de Domingos Pecci, "Crocodilo"; de Paulo Barbosa, "Casaquinho de tricot"; de Alberico de Souza, "Bequinho"; de Almir Sampaio, "Sai faísca"; de Lourival de Carvalho, "Em alta madrugada"; de Severino Rangel, "Guriatã de coqueiro" e "Saxofone, porque choras?"; de Pixinguinha, "Vem cá, não vou!", "Urubatã" e "Carinhoso"; e, de

3. O disco influenciado sempre é uma documentação rítmico-melódica – devendo-se pôr de parte a harmonização, a polifonia, o caráter vocal e principalmente a instrumentação. A harmonização e polifonia das canções populares entre nós ainda não chegou ao equilíbrio. Compositores eruditos rebuscados (Gallet) e compositores simili-eruditos deficientes ou deformadores. O caráter vocal é sempre uma deformação. Ou regem a instrução do cantor erudito as leis do belcanto que é europeia e erudita mesmo da Europa ou é imitação da voz popular (Stefana, Mota da Mota)[15]. Ora talvez essa imitação ainda seja mais desnorteadora que o belcanto, porque é uma verdadeira caricatura. O cantor exagera processos (nasal, vocalização, cacoetes de emissão) pra forçar a comparação e aparência de semelhança. Em discografia pode-se mesmo lançar o aforismo de que "nada há de mais dessemelhante ao original que a sua imitação". Quanto à instrumentação, pode-se também lançar preliminarmente que toda canção popular é de caráter solístico, mesmo a coral. Porque prescinde quotidianamente do acompanhamento como utilização. Ou melhor: existe sim, e inalteravelmente, acompanhamento em todo e qualquer solo popular, toda canção popular é acompanhada, porém esse acompanhamento básico e funcional não é de ordem sonora, é de ordem dinâmica, exatamente fisiológica. Mesmo quando a canção popular, como em certos batuques de negros paulistas ou nos coros nordestinos, mesmo quando o acompanhamento

Desmond Gerald, "Suspiros". Classificados como maxixes, há, na pequena discoteca: de Carlos Cardoso, "Tamoio"; de Marcelo Tupinambá, "Balaio"; e, de Ernesto Nazareth, "Quebra-cabeças", em exemplar que traz, do lado B, "Cangote raspado", de Jota Machado. O disco boliviano citado é o que traz, no lado A, um huayno, "Delicias del inca", e, no outro, de Felipe Rivera, "Amorosa palomita", um bailecito. Peça referida como "Vendedor de amendoim", a brasileira chama-se, na verdade, "Cena carioca", de autoria de João de Barro, gravada por Francisco Alves, acompanhado pela Orquestra Copacabana. Veja nota de Mário de Andrade na capa do disco de João de Barro, onde o musicólogo se refere à rumba foxtrote "The Peanut Vender", de Moises Simon, obra gravada por Antonio Machín e a Orquestra Casino Havana, regida por Don Azpiazú. A semelhança entre a melodia brasileira e a cubana mereceu referência num artigo para o *Diário Nacional*, "Cuba, outra vez", em 17 jan. 1932, onde o autor também faz referência à mescla de dois gêneros já conhecidos do público, que deu origem à rumba foxtrote.

15 Da cantora Stefana de Macedo, Mário de Andrade possui três discos, em que ela canta "Bambalelê", "A mulher e o trem", "Dois de ôro", "Sodade veia", "História triste de uma praieira" e "Batuque". Tanto Stefana quanto Mota da Mota são cantores que mereceram menção no trabalho que o escritor apresentou durante o Congresso da Língua Nacional Cantada. Mota da Mota o musicólogo pôde escutar em quatro faixas: "Noite de São João", "Dentro da toca", "São Benedito é ôro só" e "Eu vou girá". O interesse pelo cantor levou o crítico a elogiar vivamente o lançamento do disco no *Diário Nacional* ("Carnaval tá aí", 18 jan. 1931).

é de percussão, não é nessa percussão rítmica feita por tambus e canzás que reside o verdadeiro acompanhamento, mas nos movimentos, nas gesticulações, nas reações fisiológicas e psíquicas que a melodia rítmica desperta no ser popular. Nesse sentido, pode-se afirmar que todas as canções populares, sejam elas danças ou serenatas de lírica amorosa, todas elas são cantos de trabalho, tanto como uma toada de mutirão ou a canção dos sirgadores do Volga. Mazzucato[16] teve a ideia audaciosa e falsa de avançar que toda melodia nasce em nós duma seriação de acordes sentidos fundamental e conjuntamente. Na verdade, toda melodia nasce em nós dum estado dinâmico do ser. Popularmente esse estado fisiológico não é apenas o originador da melodia, mas a sua única exigência acompanhante. É o estado fisiológico despertado pela melodia rítmica que fundamentalmente e necessariamente a acompanha.

Mas não é apenas a exigência de acompanhamento instrumental na discografia comercial que deforma a validade científica dos discos populares. Em máxima parte é o uso absolutamente descritivo de instrumentos acompanhadores. Exemplo típico é o bandolim em "No terreiro de Alibibi". Pra quem quer que esteja um bocado enfronhado dos costumes musicais da feitiçaria afro-brasileira, esse bandolim é um verdadeiro insulto[17].

Conclusão: A Discoteca do Departamento de Cultura.

Mário de Andrade

16 Trata-se, provavelmente, de Gian Andrea Mazzucato (1850-1900), crítico musical, filósofo e musicólogo, cujas obras não foram localizadas na biblioteca de Mário de Andrade.

17 A gravação de "No terreiro de Alibibi", de Gastão Viana, com o Conjunto Tupi, contou, provavelmente, com o bandolim de Luperce Miranda, segundo informação de Hermínio Bello de Carvalho.

# CARTAS

# Carta de Paulo Magalhães a Mário de Andrade

RCA VICTOR BRASILEIRA INC.[1]

[Rio de Janeiro, 1932][2]

SAMBA, no R. G. do Sul, não ia nem a pau. Brigávamos constantemente com os nossos distribuidores e eles se desculpavam: não gostam! Não querem! E não gostavam e não queriam, mesmo. A gente sabia, mas precisava forçar a venda. Os pedidos que vinham, além dos discos de selo vermelho (música fina) eram para tango argentino, ranchera e maxixa, tudo gosto de B. Aires. Pois, seu Mário, de repente a gauchada começou a gostar de samba que é um Deus nos acuda. Mandam pedidos por via aérea e por telegrama. E são pedidos de 300, por aí, e "com a máxima urgência". FACEIRA é o samba que está fazendo furor em P. Alegre. Procure ouvir, no Cristoph[3].

Explico: Pixinguinha esteve há tempos em P. Alegre, com um conjunto orquestral e pespegou sambas naquela gente, a valer. Era um delírio na plateia.

A revolução trouxe quase que o R. G. inteiro pro Rio e a gauchada voltou cantando samba, e a Cia. Victor está... ganhando dinheiro.

V. recebeu um papel do laboratório de gravação, de Camden, pelo qual se sabe quais são os instrumentos empregados para rumba-fox-trot? Agora estão fazendo fox de "son", também. V. tem alguns discos de "son" e de "sonsonete". É um furor nos E. U. Os discos alcançam vendas vultosas.

1 Mário de Andrade, "Carta de Paulo Magalhães a Mário de Andrade", em: *Dicionário musical brasileiro*, envelope "Samba" (Série Manuscritos, Fundo Mário de Andrade, Instituto de Estudos Brasileiros, Universidade de São Paulo).

2 Data atribuída segundo confronto com artigo de Mário de Andrade, "Cuba, outra vez", ver pp. 247-9 neste livro.

3 Nota da pesquisa: referência a Paulo J. Cristoph Company, representante da Victor Brasileira em São Paulo, localizada na rua São Bento, 45.

Como v. falou de Montevidéu, a propósito da Sinfônica, saiba que aquela gente é "bamba" mesmo em música boa. Procure ouvir a estação de rádio C x 6. Programas da "pontinha". "Nem queiras saber"...

VIVA O CALÃO DO RIO!!

Você largue mão de estar lembrando impostos para os discos. Você não sabe o que está dizendo. Hei de provar que, em muitos discos de 30$000, fica um lucro de $140!!![4]

P.

4 Provável alusão à campanha de Mário de Andrade em benefício do sustento da Orquestra da Sociedade Sinfônica de São Paulo. Em sua coluna no *Diário Nacional*, durante o segundo semestre de 1931, o crítico paulista defende a taxação da música mecânica veiculada pelas rádios e o uso da verba no sustento e incremento da atividade musical. Ver Mário de Andrade, "Sociedade Sinfônica de São Paulo", em: *Música, doce música*, *op. cit.*, p. 244.

# Carta de Zico Dias e Ferrinho a Paulo Magalhães

Piracicaba, 20 de novembro 1930[5]

Ilmo. Snr. Paulo Magalhães

Saudações

Como sabeis, fomos gravar os discos, e parece-nos que o gerente da Victor, senhor Geval, disse apreciar muito as nossas modas.

Eu e Ferrinho só temos palavras de agradecimento ao senhor do favor que tem feito por nós.

Como tinha prometido ir visitá-lo, peço desculpas de não tê-lo visitado, pois saímos um pouco tarde do Studio e isso nos atrapalhou, pois precisei ir a Piracicaba.

Sr. Paulo, peço comunicar ao grande Mário de Andrade que estamos fazendo uma moda de viola dedicada a ele, pois sentimo-nos felizes em ficar conhecendo o grande crítico brasileiro.

Olegário e o Mandy parece que não gostou nada do convite feito pela Victor, pois andam despeitados conosco.

Sem mais,

Às ordens

Zico Dias e Ferrinho

5 Mário de Andrade, "Carta de Zico Dias (João Dias Rodrigues Filho) a Paulo Magalhães", em: *Dicionário musical brasileiro*, envelope "Toada" (Série Manuscritos, Fundo Mário de Andrade, IEB/USP).

# Carta de Zico Dias e Ferrinho a Paulo Magalhães

Piracicaba, 27 de novembro 1930[6]

Saudações

Caro Sr. Paulo
Recebi a s/ carta de 25 e passo a respondê-la.

Fiquei muito contente em saber que mostraste a minha carta ao Sr. Mário de Andrade e mais contente ainda sabendo ter ele guardado-a como recordação.

Como lhe prometi, fiz-lhes uma moda de viola, dedicada a ele, e aqui remeto os seus versos.

Eu tive um grande prazer
De cantar em casa de seu Ribeiro
Pois eu nasci nesta terra
Com sina de ser violeiro
Cantei pro Mário de Andrade
Os meus versos derradeiro
Eu tive gosto em cantar
Pro maior crítico brasileiro

[...]

Se tiver dor encoberta
Se faça por disfarçar
De ver a voz desta viola
No nosso modo de cantar

6 *Ibidem*.

Canto junto com o Ferrinho
Pra o seu Mário se alegrá
Temos saudades de vós
Quando havemos de encontrar.

Queira desculpar se a moda que fiz ao Sr. Mário não está perfeita, mas parece que tem calhado bem com a música que a acompanha.

Fiz mais um versinho, um versinho de um caboclo que tem também provado as ilusões do mundo e os "caprichos das mulheres".

Eu recebi um desprezo
Inocente sem dever
[...]

Ao Sr. Paulo e Sr. Mário, um caboclo às ordens

Zico Dias

# Trecho de carta de Mário de Andrade a Moacir Werneck de Castro

S. Paulo, 19-II-42[7]

Moacir,

[...]

Gostei, sim... muitíssimo do "Amélia", é das coisas mais cariocas que se pode imaginar. Mas o "Vão acabar com a Praça Onze" me estrangula de comoção, palavra. Você já viu coisa mais lancinante? Aquele grito "Guardai o vosso pandeiro, guardai!" é das frases mais musicalmente comoventes, um grito manso, abafado, uma queixa de povo suave, que se deixa dominar fácil, sem muita consciência, mas sofre e se queixa. Palavra que acho aquilo horrível, de não poder aguentar. Tomei como um ataque sentimental danado. Xinguei a estupidez do "progresso" dos estúpidos, está claro, fiz discurso num ambiente bom com vários uísques e de vez em quando continuava cantando o sermão, "Guardai o vosso pandeiro, guardai!", com lágrimas nos olhos.

Já era tempo de alguém, mas alguém com muita sensibilidade e conhecimento de causa, fazer um estudo sobre os textos do samba carioca. Um Aníbal Machado talvez servisse ou talvez o em-se-perdendo ilustre autor de Oscarina. Olha que eu (e você) conheço bastante os textos das canções populares de autor de minha terra, ah o chamado "espírito francês"! Nem França, nem Nápoles, nem rumba, nem fox, arre que no fado nem imagino! Quando não é resolutamente boçal, ou de um sentimentalismo punheteiro, atinge um engraçado divertido.

Sem dúvida que a comicidade francesa, quando não imoral, e principalmente a anglo-americana serão de uma alegria mais límpida, mais desimpedida, "alegria pura" dirão os puristas. O samba não tem essa face, que eu me lembre. Mas além de ser com frequência genial na felicidade de dizer as coisas,

7 Moacir Werneck de Castro, *Mário de Andrade: exílio no Rio*, *op. cit.*, pp. 189-90.

é de um inesperado de assuntos, de uma riqueza psicológica assombrosa. Ora o sujeito estourar naquela bruta saudade da Amélia, só porque está sentindo dificuldade com a nova, você já viu coisa mais humana e misturadamente humana? Tem despeito, tem esperteza, tem desabafo, tristeza, ironia, safadez de malandro, tem ingenuidade, tem pureza lamacenta: é genial. Acho das manifestações mais complexas que há como psicologia coletiva.

[...]

Um abraço

Mário

# Posfácio

Maurício de Carvalho Teixeira
*Doutor em Letras (USP), professor da Faculdade Paulista de Artes*

# Riscos no fonógrafo: Mário de Andrade e os discos (revisitado)

O carnaval de 1929 foi marcado por uma grande concorrência de discos. Cruz Cordeiro, um entusiasta da fonografia, defendeu que nesses dias se escutasse música brasileira e não mais as danças internacionais: "Carnaval sem música é paradoxo. E a música do Carnaval não é 'música de importação'. É o puro 'artigo nacional'"[1]. Ele apresentava aos seus leitores da *Phono-Arte*, autodenominada "a primeira revista brasileira do fonógrafo", um cenário propício para que músicos nacionais registrassem suas composições em estúdio, e acreditava que essa novidade se tornaria uma prática usual. Para o público ouvinte também havia chegado o momento de desfrutarem o carnaval por meio dos discos:

> A "enxurrada" de peças é notável. Os nossos autores, numa atividade febril, correm às casas editoras, apressam-se em direção aos "studios" de gravação fonográfica, procurando os seus intérpretes prediletos, mandando imprimir folhetos para distribuição gratuita, na ânsia de tornar a sua obra a mais popularizada possível. Desse movimento, vão saindo sucessos do carnaval. É o piano da casa editora, é o disco, é o folheto disputando a atenção para o verso, é a orquestra de dança numa festa. É o próprio povo na "batalha de confete", e pronto, está a peça pronta para levar ao seu autor, a estreia carnavalesca.[2]

Os anos de existência da revista *Phono-Arte* (de 1929 a 1931) foram os mesmos em que Mário de Andrade colaborou com o *Diário Nacional* de São Paulo, uma das raras vezes em que chegou a abordar, mesmo que de maneira pouco extensa, a questão da fonografia. Talvez esse autor nunca tenha lido aquela revista carioca, dedicada a anunciar e comentar

1 J. Cruz Cordeiro Filho, "O carnaval de 1929 e seus discos", *Phono-Arte*, n. 13, fev. 1929, p. 7.

2 *Ibidem*.

quinzenalmente os lançamentos de discos gravados no Brasil ou importados. Porém, tanto Mário de Andrade quanto Cruz Cordeiro mostravam-se sobressaltados com o impacto dos recentes avanços tecnológicos da indústria fonográfica no carnaval.

"Carnaval tá aí" é uma das crônicas do *Diário Nacional* escrita em janeiro de 1931[3]. O título da crônica foi uma referência a "Pra você gostar de mim", de Joubert de Carvalho, gravada na voz de Carmen Miranda nesse mesmo ano[4]. A anotação de capa de Mário de Andrade era sintomática de suas preocupações: "O disco de maior venda, vinte mil saídos, em janeiro de 1931"[5]. No entanto, as músicas consideradas pelo autor com mais características da musicalidade popular nacional não tiveram tanto sucesso[6]. Nessa mesma crônica, o escritor vincula ao Carnaval alguns aspectos importantes da música popular, como a origem do maxixe, suas transformações e sua provável substituição pelo samba. Encontram-se ressaltadas as diferentes maneiras pelas quais se propagavam as músicas carnavalescas até algum tempo antes: "mais penosamente através da música impressa e a propaganda das orquestrinhas de bares". Para Mário de Andrade, porém, "são as grandes casas de fonografia que se incumbem atualmente da fixação e evolução da nossa dança cantada"[7]. Ao fazer um balanço da discografia para aquele carnaval de 1931, critica os discos Victor, evidenciando uma relação entre a tecnologia fonográfica e o caráter nacional da música: "A fábrica Victor tem hesitado e mesmo errado bastante nas suas gravações brasileiras. Diante de sonoridades novas, de processos novos de cantar, era natural, os técnicos norte-americanos que vieram para cá se desnortearam. Muitos foram os insucessos [...]"[8].

A gravadora Victor monta seu estúdio no Rio de Janeiro poucos anos antes, como também fizeram outras empresas internacionais, aproveitando as facilidades tecnológicas do novo sistema elétrico de gravação que substitui o sistema mecânico, o que permite maior fidelidade auditiva e produção em grandes quantidades. Estudos mais recentes mostram maiores detalhes

3 Ver "Carnaval tá aí", no "Apêndice", pp. 250-2.

4 Ver "Catálogo", disco 26.

5 *Ibidem*.

6 Ver em "Catálogo": "Nego bamba", disco 62; "Desgraça pouca é bobage", disco 65; e "São Benedito é ôro só", disco 49.

7 Ver "Carnaval tá aí" no "Apêndice", p. 250.

8 *Ibidem*, p. 251.

e consequências da instalação dessa indústria no país[9]. Do ponto de vista artístico e musical, esse é o início de um processo de criação de novas sonoridades destinadas a acompanhar a canção gravada no Brasil. Pela perspectiva do meio letrado e do modernismo, esses arranjos orquestrais geraram interessantes debates de época[10].

Ao anunciar os novos aparelhos ortofônicos, que então eram os mais aptos a reproduzir as novas gravações elétricas, a revista *Careta*, de grande circulação, trazia uma propaganda da Victor intitulada "Todos os instrumentos num só!", que dizia:

> A sonoridade da flauta... as notas brandas e melodiosas do violino... o vigoroso retumbar do tambor... o estrépito dos pratos são reproduzidos pela Victrola Ortofônica tal como V.S.a ouve nos concertos propriamente ditos. O banjo, a trombeta, o saxofone, enfim, a orquestra inteira é tão irresistível como a que V.S.a ouve numa sessão de baile.[11]

O objetivo da indústria fonográfica era lançar mão de todos esses recursos, mas, com base nas apreciações escritas nas capas de seus discos, percebe-se facilmente que Mário de Andrade não aprovava as intervenções feitas pelas gravadoras. Esses arranjos concediam um determinado caráter orquestral às canções populares, que deveriam ser mais singelas. Consequentemente, a música arranjada não caminhava na mesma direção da estética modernista e do pensamento musical no período[12]. Se, por sua configuração incipiente e cosmopolita[13], a música urbana já não conquistava por completo

9 Eduardo Vicente e Leonardo de Marchi, "Por uma história da indústria fonográfica no Brasil 1900-2010: uma contribuição desde a Comunicação Social", *Música Popular em Revista*, v. 1, ano 3, 2014, pp. 7-36.

10 Felipe Barros, "Arquivos e objetos sonoros etnográficos: a coleção fonográfica de Luiz Heitor Corrêa de Azevedo", *Sociologia e Antropologia*, v. 8, n. 2, 2018, pp. 629-53.

11 "Todos os instrumentos num só!", *Careta*, 7 jan. 1928.

12 O arranjo, a indústria fonográfica, a música e a musicologia modernistas são analisados na minha dissertação de mestrado. Cf. Maurício de Carvalho Teixeira, *Música em conserva: arranjadores e modernistas na criação de uma sonoridade brasileira*, Faculdade de Filosofia, Letras e Ciências Humanas, Universidade de São Paulo, 2002.

13 Esse tema tem sua grande discussão em José Miguel Wisnik, "Getúlio da Paixão Cearense", em: Ênio Squeff e José Miguel Wisnik, *Música: o nacional e o popular na cultura brasileira*, São Paulo: Brasiliense, 1983. Artigo revisitado por Dmitri Cerboncini Fernandes, "O popular urbano

a simpatia de Mário, as gravações comerciais distanciavam-se ainda mais de seus ideais musicais, uma vez que não representavam uma tradição nacional, por terem sido compostas em meio à euforia diante das modernas máquinas de gravar e das modas internacionais.

A música popular comercial já existia no Brasil mesmo antes do advento do fonógrafo, e a música gravada dava continuidade às práticas musicais das orquestras de salão, dos pianeiros urbanos e suburbanos e das bandas de música. Com o crescimento da indústria fonográfica nesse contexto musical mercantilizado, surge a questão de como a música brasileira se apresentaria quando registrada em disco. Uma das expectativas sonoras que músicos, ouvintes e gravadoras queriam cumprir se referia à própria efetivação da diversidade de timbres e da imprevisibilidade de ritmos e de alturas permitidas pelo processo elétrico de gravação. Todas essas possibilidades sonoras a fonografia internacional sintetizou na formação instrumental da *jazz band*.

Mesmo diante dessas incompatibilidades musicais e etnológicas no resultado final das gravações brasileiras, Mário de Andrade manteve uma coleção de discos, com a qual examinava os lançamentos fonográficos e manuscrevia seus pareceres. No *Diário Nacional* de São Paulo, o autor iguala os problemas da música gravada no Brasil aos da música popular urbana, "depreciada, banalizada pelos males da cidadania"[14].

Porém, Mário de Andrade, cujo raciocínio sistematizava ou problematizava seus objetos de estudo a partir do instrumental teórico da disciplina musical, percebeu logo que nos sons simultâneos dos discos de vitrola conviviam procedimentos de várias naturezas, como já ocorria na música das cidades. Nas gravações ficavam registrados harmonia, ritmo, melodia e formas musicais que não necessariamente respeitavam regras de grafia, tampouco de origem social ou étnica. Tudo estava sobreposto e aparentemente mesclado:

esquadrinhado: uma homenagem crítica aos trinta anos da obra 'Getúlio da Paixão Cearense', de José Miguel Wisnik", *Teoria e Cultura*, v. 8, n. 2, jul./dez. 2013.

14 Ver "Gravação nacional", no "Apêndice", p. 245.

> Por tudo isso não deverá se desprezar a documentação urbana. Manifestações há, e muito características, de música popular brasileira, que são especificamente urbanas, como o choro e a modinha. Será preciso apenas ao estudioso discernir no folclore urbano, o que é virtualmente urbano, o que é tradicionalmente nacional, o que é essencialmente popular, enfim, do que é popularesco, feito à feição do popular, ou influenciado pelas modas internacionais.[15]

A preocupação em aceitar ou não as manifestações urbanas na documentação folclórica é central para os debates musicais do período. O choro e a modinha, que já tinham recebido estudos mais específicos de Mário de Andrade[16], aparecem aqui como exemplo de boa música popular urbana. Mas existe algo que não era objeto de seu estudo, sendo o avesso de sua abordagem: a música adulterada pela cidade. Esta recebe inicialmente censuras e o significativo e frequente rótulo de "popularesca"[17].

O autor chama a atenção para a influência das "modas internacionais", o que é um indício dos temores que rondavam o pensamento musical modernista. O tango, a rumba e principalmente o jazz americano eram facilmente absorvidos pelos músicos populares brasileiros, não tanto como estilo para composição, mas, principalmente, no tratamento que o arranjador dava à música nos estúdios. Assim, os procedimentos musicais da indústria fonográfica distanciavam a sonoridade popular da situação idealizada do folclore e da estética civilizadora da música de concerto.

Uma vez que não repudiava todas as manifestações culturais decorrentes da urbanização[18], Mário de Andrade necessitou definir de maneira precisa o método adequado à avaliação das músicas populares no contexto brasileiro. Esse método dependeria, entre outros fatores, de uma decantação dos elementos estruturais que convivem em uma mesma música. Primeiro,

15 Mário de Andrade, "A música e a canção populares no Brasil", em: Mário de Andrade, *Ensaio sobre a música brasileira*, 3. ed., São Paulo/Brasília: Martins/INL, 1972, p. 167.

16 *Idem*, *Modinhas imperiais* (1930), Belo Horizonte: Itatiaia, 1980; "Nazaré" (1926) e "Tupinambá" (1924), em: *Música, doce música*, *op. cit.*, pp. 115-50.

17 Ver artigo de Juliana Pérez González, "Carne para alimento de rádios e discos: o conceito de música popularesca na obra musicológica de Mário de Andrade", *Revista do Instituto de Estudos Brasileiros*, n. 57, dez. 2013, pp. 139-60.

18 Pedro Meira Monteiro, "A transparência do canto e o obstáculo do mundo: o tempo no modernismo de Mário de Andrade", *Luso-Brazilian Review*, v. 55, n. 2, 2018, pp. 103-14.

era preciso separar a melodia, considerada a origem ancestral e autêntica da canção, do arranjo: um contracanto artificial, que parecia desvinculado dos propósitos artísticos originais da composição[19]. Exemplo disso está no manuscrito "O disco popular no Brasil": "Mas não é apenas a exigência de acompanhamento instrumental na discografia comercial que deforma a validade científica dos discos populares. Em máxima parte é o uso absolutamente descritivo de instrumentos acompanhadores"[20].

Como a melodia representava a tradição conservada do processo criativo popular, as intervenções nela não eram bem-vindas, especialmente quando esse procedimento acusava sua origem em um meio letrado e burguês. Tais discussões podem ser relacionadas à questão do então chamado desnivelamento estético, que gerou um debate entre Mário de Andrade e Roger Bastide[21], para o qual o autor foi encontrar respostas no século XIX e no gênero da modinha:

> Formas e processos populares em todas as épocas foram aproveitados pelos artistas eruditos e transformados de arte que se apreende em arte que se aprende. Mas formas eruditas, ver a da sinfonia, processos eruditos, ver o cânone, jamais que passaram pras orquestras e corais populares.[22]

A literatura musical de Mário de Andrade contrapunha duas origens para a polifonia: uma católica, e outra, protestante[23]. Isso não apenas é visível no *Compêndio de história da música*, no qual é evidente, mas permeia grande parte de seus estudos. Telê Porto Ancona Lopez aborda as opções político-epistemológicas de Mário de Andrade, levando em conta também o seu aspecto religioso de pensador católico[24]. A polifonia protestante, menos identificada com um Brasil antigo, foi fundamental para a harmonia

19 A respeito dessa ontologia do arranjo como arte, ver Theodor Adorno, "Moda Intemporal – sobre o jazz", em: *Prismas: crítica cultural e sociedade*, São Paulo: Ática, 1998.

20 "O disco popular no Brasil", "Apêndice", p. 255.

21 Mário de Andrade, "O desnivelamento da modinha", em: *Música, doce música*, *op. cit.*; Fernanda Arêas Peixoto, "O candomblé barroco de Roger Bastide", *Revista de Antropologia*, v. 54, n. 1, 2011, pp. 379-405.

22 *Idem*, *Modinhas imperiais*, *op. cit.*, p. 8.

23 *Idem*, *Compêndio de história da música*, São Paulo: L. G. Miranda, 1933.

24 Telê Porto Ancona Lopez, *Mário de Andrade: ramais e caminho*, São Paulo: Duas Cidades, 1972.

ocidental, na organização racional das alturas em sons simultâneos. O cânone, exemplo citado pelo autor, consiste em um procedimento para a organização de melodias simultâneas e não deveria ocorrer na polifonia católica brasileira. Ou seja, em documentos populares deveria haver o predomínio da melodia acompanhada ou da antifonia; consequentemente, o contraponto e a fuga não encontrariam correspondentes importantes. É significativo que *Na pancada do ganzá*, o grande estudo musical do autor, seria uma coletânea de documentos e análises onde predomina a voz solista, se forem considerados os livros já publicados que integrariam essa obra[25]. Exceção dada a algumas vozes cantadas em duplas e outras vozes divididas no formato pergunta e resposta entre solo e coro uníssono, as duas modalidades muito longe das grandes formas corais e polifonias adotadas pela música formal.

Esses argumentos serviram para justificar a diferenciação entre a música do Brasil e a dos Estados Unidos, um dos grandes debates nas revistas de cultura musical do período[26]. Nas passagens em que são comparados os processos polifônicos dos dois países, há uma necessidade de explicitar a diferenciação de suas musicalidades. As características católicas e protestantes estariam, por exemplo, na música negra de cada país:

> E mesmo se compararmos as manifestações de música instrumental coletiva, a mesma diferença se impõe na criação dos negros da América do Norte e a do Sul. Choro e jazz. O primeiro, essencialmente solista, melodia acompanhada por excelência, quando muito contrapontada por alguma dialogação; ao passo que o jazz é essencialmente polifonista, bom exemplo democrático, individualizando um por um os instrumentos do conjunto, mas conservando-se todos em concordância e harmonia [...][27]

25 Mário de Andrade, *Música de feitiçaria no Brasil*, *op. cit.*; *Os cocos*, *op. cit.*; *Dicionário musical brasileiro*, *op. cit.*; *As melodias do boi e outras peças*, São Paulo: Duas Cidades, 1987; *Danças dramáticas do Brasil*, Belo Horizonte: Itatiaia, 2002.

26 São alguns exemplos dessa preocupação: Luis Heitor, "Jazz", *Lanterna Verde*, n. 7, ago. 1943; Luciano Gallet, "Débitos e créditos do jazz", *Weco*, ano II, n. IX e X, out.-nov. 1930, p. 11; Renato Almeida, "Musicalidade americana e música brasileira", *Movimento*, n. 3, 1928, pp. 9-13; Luisa Leonardo Boccanera, "Meu protesto a música moderna", *Ariel*, ano 1, n. 6, mar. 1924, p. 225.

27 Mário de Andrade, "A expressão musical dos Estados Unidos", em: *Música, doce música*, *op. cit.*, p. 401.

Nesse contexto, a indústria fonográfica brasileira lançava mão de sua diversidade de timbres para atrair o público, inspirada no modelo estadunidense. Exigia de seus produtores uma orquestração específica, fundamentada na combinação de vários instrumentos melódicos de sopro, já plenamente adaptada às características do estúdio de gravação. Antes disso, as orquestras de cinemas e bares já tocavam música norte-americana desde o início da década de 1920, e abandonaram alguns velhos instrumentos para aderir ao estilo *jazz band*[28]. Assim, reforçavam-se os pontos em comum entre os procedimentos desejados pela indústria fonográfica e as práticas musicais urbanas.

A internacionalização, a industrialização e a comercialização de bens culturais foram, sem dúvida, aspectos que instigaram a crítica e a criação artística modernista, questão que nos remete a Walter Benjamin[29]. No campo musical, Mário de Andrade somou a isso o pensamento etnológico moderno, que atenta para os perigos da extinção de culturas locais, buscando em sua musicologia valorizar a permanência de procedimentos autóctones de composição. Porém, a relação de Mário de Andrade com a música comercial transparecia somente em fragmentos, entrelinhas e lacunas de seus textos publicados. Reside aqui, portanto, uma importância fundamental de seus manuscritos nas capas dos discos, pois estes ilustram melhor o posicionamento de Mário em relação à produção cultural urbana.

Percorrendo toda a obra musicológica do autor, presencia-se esse silêncio lacunar correspondente aos efeitos da urbanização e industrialização da música nas manifestações populares. Contudo, o processo de escrita do romance *Macunaíma*[30] está inserido no mesmo projeto estético modernista e diz, com alegorias, o que a literatura musical do autor não sistematiza. Há toda uma musicalidade e musicologia que move essa obra, classificada como uma rapsódia, mas é no capítulo "Macumba"[31] que a questão da fonografia encontra-se sequestrada e o presente texto, doravante, considera e explicita esses significados específicos dentro do romance.

28 Essa abordagem está relacionada a duas obras fundamentais: Nicolau Sevcenko, *Orfeu extático na metrópole: São Paulo, sociedade e cultura nos frementes anos 20*, São Paulo: Companhia das Letras, 1992; Eric Hobsbawm, *História social do jazz*, Rio de Janeiro: Paz e Terra, 1990.

29 Walter Benjamin, "A obra de arte na era de sua reprodutibilidade técnica", em: *Magia e técnica, arte e política*, São Paulo: Brasiliense, 1987.

30 Mário de Andrade, *Macunaíma: o herói sem nenhum caráter*, Paris: Archives, 1988.

31 *Ibidem*, pp. 56-64. Ver também pp. 28-30 deste livro.

A oposição ao mercado e à urbanização, que passa pela valorização sistemática de um tipo específico de cultura popular, obviamente não relacionado à mercantilização, já estava simbolizada no episódio anterior de *Macunaíma*, o capítulo VI, "A francesa e o gigante"[32]. Neste, a busca de um amuleto, uma pedra esculpida chamada de muiraquitã, torna-se central e permanece assim na maior parte do decorrer da narrativa. A muiraquitã, como objeto artístico, pertence a outro modo de produção, diferente do industrializado e massificado. No entanto, o amuleto está sob a ameaça de ser incorporado pelo antagonista da história, que é um gigante industrial. Nasce daí a contenda entre o herói Macunaíma e Venceslau Pietro Pietra, o gigante industrial Piaimã, que havia roubado a simbólica pedra muiraquitã[33].

O personagem Macunaíma, no capítulo "Macumba", tem como principal objetivo vingar-se de Piaimã, que tinha conseguido permanecer com o amuleto. Para realizar a vingança, o herói escolhe esse culto popular, urbano e sincrético. Mário de Andrade ambientou a cena na capital, Rio de Janeiro, cidade onde o termo "macumba" era corrente e abrangente para designar as religiões de matriz africana[34].

No pensamento musical marioandradino, a distinção entre rural e urbano é decisiva para a categorização das músicas populares. Essas categorias assemelham-se às distinções formuladas por Adorno entre música popular (anônima, permanente, arcaica) e música "estandardizada": comercial, internacional, passageira[35]. Mário de Andrade preferia usualmente um tipo específico de música popular ou, nas palavras de José Miguel Wisnik:

> Friso aqui o detalhe decisivo para o autor de *Macunaíma*, a chave de tudo (que tiraria a produção intelectual da sua irrelevância, porque a colocaria a serviço de uma causa nacional) estaria no compromisso da cultura letrada com a cultura popular brasileira, entendida necessariamente como cultura rural, artesanal, anônima e coletiva. Exemplificando: embora encare sem preconceitos, no *Ensaio*, a influência do jazz sobre o maxixe, os objetos de sua escolha crítica não serão propriamente Donga, Pixinguinha,

32 *Ibidem*, pp. 47-55.

33 *Ibidem*.

34 *Idem*, *Música de feitiçaria no Brasil*, *op. cit.*, p. 61.

35 Ver Theodor Adorno, "Sobre música popular", em: *Sociologia*, São Paulo: Ática, 1995.

> Sinhô ou Noel, músicos do nascente mercado de música urbano-industrial, mas Chico Antônio, coqueiro repentista do Nordeste; não o samba carioca, mas o samba rural paulista; não o futebol, mas o bumba meu boi.[36]

Passando para a análise do capítulo em questão, este apresenta três personagens principais: Ciata, ogã e polaca. Os três sugerem diversas alegorias de crítica cultural. Mais adiante, evidencia-se que Ciata representa o ancestral, e polaca, o novo; já ogã faz a mediação entre as duas. Dentro do propósito de vincular o pensamento marioandradino à comercialização e industrialização da música, é possível considerar esses personagens como pilares de uma análise reveladora sobre a questão musical no Brasil.

A leitura das alegorias de "Macumba", relacionada especificamente à produção musical, mostra as preocupações de Mário de Andrade em relação à música popular, isto é, com as características que esta vinha adquirindo no período em que o romance foi escrito. Esse enfoque encontra correspondência em sua musicologia, confirmando uma unidade de posicionamento do autor em sua obra ficcional e em sua obra programática[37]. Portanto, as colocações presentes em *Ensaio sobre música brasileira* (1928), *Compêndio de história da música* (1929), bem como os verbetes do *Dicionário musical brasileiro*, as crônicas do *Diário Nacional* de São Paulo (1929-1931) e, principalmente, *Música de feitiçaria no Brasil* (1933)[38] são estudos que ajudam a decifrar a composição do capítulo em questão. Em *O banquete*, de 1943, Mário de Andrade dá seu último parecer a respeito daquelas transformações pelas quais passava a produção musical no Brasil. Nesse texto, a abordagem se deu de forma alegórica, como em "Macumba". Ao mesmo tempo, foi questionado o tema da internacionalização em contraposição ao regional – lembremos que os dois pratos principais do banquete eram o vatapá e a salada americana[39].

36 José Miguel Wisnik, "Cultura pela culatra", *Teresa*, n. 1, 2000, pp. 92-102.

37 Maria Laura Viveiros de Castro Cavalcanti e Peter Fry, "Brazil's music of sorcery according to Mário de Andrade: an introduction by the editors", *Vibrant: Virtual Brazilian Anthropology*, v. 14, n. 1, 2017.

38 Mário de Andrade, *Ensaio sobre música brasileira*, São Paulo: Edusp, 2020; *Compêndio de história da música*, *op. cit.*; *Dicionário musical brasileiro*, *op. cit.*; *Taxi e crônicas do Diário Nacional*, *op. cit.*; *Música de feitiçaria no Brasil*, *op. cit.*

39 *Idem*, *O banquete*, São Paulo: Duas Cidades, 1989.

Em suma, a publicação de *Macunaíma* se deu quando o autor chegava a interessantes descobertas musicológicas e análises mais profundas sobre a situação da música no Brasil. Por isso mesmo, torna-se significativo que o *Ensaio sobre música brasileira*[40], seu primeiro livro a abordar a música popular de forma sistematizada, tenha sido publicado em 1928, mesmo ano do romance. Gilda de Mello e Souza mostra que, em paralelo à narrativa de *Macunaíma*, e para além da musicalidade inerente a toda a obra de Mário de Andrade, há uma musicologia mais ou menos oculta:

> A longa meditação estética que atravessa todo o percurso da obra de Mário de Andrade tem dois pontos de referência constantes: a análise do fenômeno musical e do processo criador do populário. É da confluência dessas duas obsessões fundamentais que deriva a maioria dos seus conceitos básicos, seja sobre a arte em geral, seja sobre a arte brasileira em particular; conceitos que, uma vez forjados, ressurgem sempre na extensa e variada produção ensaística.[41]

A associação entre ficção e análise investigativa tem dois sentidos no conjunto da obra de Mário de Andrade: seus textos de estudos artísticos, musicais, etnográficos são muito poéticos; sua poesia e sua prosa de ficção são analíticas e específicas na abordagem. O uso singular da linguagem, que subverte o jargão técnico musical, é uma das evidências dessa comunicação entre os universos ficcional e etnomusicológico.

Em "Macumba" Mário de Andrade consegue expor seu olhar sobre o panorama musical dos anos 1920 no Brasil. Por meio de formas de composição musical aplicadas à escrita literária, como a suíte e a variação, o autor se coloca diante dos vários elementos que surgiam e se perdiam no ambiente sonoro popular. Fenômenos difíceis de assimilar e compreender no calor do momento foram representados e questionados nesse episódio. Essa abordagem acontece de forma muito mais ousada que nos estudos do Mário de Andrade musicólogo, o que se deve à liberdade permitida pela linguagem alegórica e pelo contexto ficcional.

A primeira personagem a apresentar-se é a Ciata, que existiu de fato e era uma mulher destacada na cultura popular do Rio de Janeiro, estudada por

40 *Idem*, *Ensaio sobre música brasileira*, *op. cit.*

41 Gilda de Mello e Souza, *O tupi e o alaúde: uma interpretação de* Macunaíma, São Paulo: Duas Cidades, 1979, p. 11.

uma historiografia da música no Brasil e localizada na gênese do samba[42]. No capítulo, ela representa uma tradição secular africana no país. O autor descreve o canto dela como uma reza monótona, um solo incitativo que obriga a resposta do coro de frequentadores do ritual.

Assim como fez com a Ciata, Mário de Andrade aproveitou histórias e figuras cariocas para condensar em "Macumba" as questões referentes ao Rio e sua cultura popular urbana. O ogã, grafado em minúscula por se referir a uma função litúrgica afro-brasileira, é uma referência quase explícita a Pixinguinha, nome artístico de Alfredo da Rocha Vianna Filho, compositor popular emblemático do período[43]. Naquela época, Pixinguinha já era célebre como instrumentista e compositor, mas surpreendera a crítica ao organizar e dirigir diversas orquestras em peças de teatro, salões de dança e gravações. Por esse histórico, assumiria posteriormente o posto de primeiro arranjador profissional brasileiro, o que lhe renderia um protagonismo cada vez maior na indústria fonográfica. No ritual criado para *Macunaíma*, ele faz o acompanhamento das transformações imprevisíveis de uma reza cantada.

Por último surge a polaca – assim eram chamadas as mulheres estrangeiras ligadas ao comércio da prostituição no início do século XX[44]. Essa personagem assinala uma forma específica de comercialização, a princípio causando estranheza, mas sendo crescentemente acolhida pela maioria ao final. A polaca também era a condutora de uma comunicação sensorial com o personagem Piaimã, o gigante industrial. Ao ler o capítulo por esse ângulo, essa personagem corresponderia à modernização dos mecanismos ligados à indústria cultural e, particularmente, ao mercado da música.

Olhando esses mesmos três personagens, por um viés mais estrutural, e seguindo as categorias estabelecidas pelo autor na primeira parte do *Ensaio sobre música brasileira*, a Ciata corresponde à melodia, ogã ao ritmo, e polaca, à harmonia – ou "polifonia", no contexto musical brasileiro. Cada uma

42 Um livro fundamental sobre o assunto é de Roberto Moura, *Tia Ciata e a pequena África no Rio de Janeiro*, Rio de Janeiro: Secretaria Municipal de Cultura, 1995. Há uma discussão bibliográfica a respeito no texto de Marcos Napolitano e Maria Clara Wasserman, "Desde que o samba é samba: a questão das origens no debate historiográfico sobre a música popular brasileira", *Revista Brasileira de História*, v. 20, n. 39, 2000, pp. 167-89.

43 Sobre Pixinguinha, ver Virgínia de Almeida Bessa, *A escuta singular de Pixinguinha: história e música popular no Brasil dos anos 1920 e 1930*, São Paulo: Alameda, 2010.

44 Ver: Beatriz Kushnir, *Baile de máscaras: mulheres judias e prostituição, as polacas e suas sociedades de ajuda mútua*, Rio de Janeiro: Imago, 1996.

dessas categorias corresponde a um capítulo do *Ensaio*[45]. Esse tipo de interpretação se encaixa nas próprias categorias de análise presentes no pensamento de Mário de Andrade, que, "por deformação de ofício, habituou-se a pensar as várias manifestações artísticas de acordo com a ordenada sistematização musical"[46]. Diante dessa relação fundamental entre *Ensaio* e *Macunaíma*, faremos aqui algumas confrontações entre os três personagens e as três categorias musicais.

Primeiramente, conforme as ideias musicológicas compartilhadas por Mário de Andrade, a ancestralidade musical de um país reside em suas melodias populares[47]. O *Ensaio sobre música brasileira* é em grande parte uma coleção de melodias e suas respectivas análises. Ao longo dos anos 1930, as pesquisas de Mário também continuaram na busca e no registro de processos melódicos, de jeitos populares brasileiros de compor. Os adjetivos relacionados à personagem Ciata remetem à sua antiguidade e tradicionalidade, e são adjetivos igualmente aplicáveis à melodia.

A segunda categoria está representada em "Ritmo", que é o capítulo do *Ensaio* de 1928[48] mais cheio de significados, sejam eles formais ou metafóricos. Ao mesmo tempo, o elemento rítmico é o mais estratégico na musicologia marioandradina. Ademais, o ritmo conseguiu trazer para uma expressão musical brasileira elementos díspares, que originalmente não se encaixavam na música europeia ocidental: "O brasileiro se acomodando com os elementos estranhos e se ajeitando dentro das próprias tendências adquiriu um jeito fantasista de ritmar"[49]. Esse acomodar-se a elementos estranhos é perfeitamente aplicável às impressões do escritor sobre a indústria fonográfica no Brasil e ao papel do ogã no romance. De fato, existem equivalências de linguagem entre trechos do *Ensaio* e do *Macunaíma*, por exemplo com os termos "o brasileiro [...] se ajeitando", neste caso, e "ogã pelejava", no trecho mostrado mais à frente[50]. O estudo sobre o ritmo musical em Mário de Andrade não dependeria necessariamente de instrumentos

45 Mário de Andrade, *Ensaio sobre música brasileira*, *op. cit.*

46 Gilda de Mello e Souza, "Prefácio", em: *Introdução à estética musical*, São Paulo: Hucitec, 1995, p. XVI.

47 Elisabeth Travassos, *Os mandarins milagrosos: arte e etnografia em Mário de Andrade e Béla Bartók*, Rio de Janeiro: Zahar, 1997.

48 Mário de Andrade, *Ensaio sobre música brasileira*, *op. cit.*, pp. 79-86.

49 *Ibidem*, p. 81.

50 *Idem*, *Macunaíma: o herói sem nenhum caráter*, *op. cit.*, p. 60.

acompanhantes para que houvesse uma interação com a coreografia. Nesse sentido, a existência da percussão é um facilitador da percepção, uma mediação, e evidencia uma manifestação mais elaborada, pois combina duas vozes: uma propriamente vocal, e outra, instrumental. Em *Macunaíma*, o ogã é o personagem que se preocupa em acompanhar tanto o canto secular quanto o canto novo, mantendo-se como elemento mediador. Ele traduz para o expectador a dinamogenia, que é a potência coreográfica armazenada nos sons. O acompanhamento instrumental de uma composição ressalta o que a melodia tem de corpóreo e dançante.

A terceira e última categoria é chamada pelo autor de "polifonia". Embora a execução simultânea entre melodia e ritmo já configure uma divisão social do trabalho musical, ela ainda está distante culturalmente do que vem a ser chamado de elaboração polifônica, e Mário de Andrade é atento às causas e consequências dessa diferença, o que é visível tanto no *Ensaio* quanto em *Macunaíma*. O capítulo "Polifonia" do *Ensaio*[51] isenta os processos harmônicos de qualquer compromisso nacional. Isso explica em grande parte a alegoria musical da polaca: o elemento estrangeiro que aparece tardiamente e incorpora, a seu modo, procedimentos locais. A harmonização deveria ser uma questão técnica para a música erudita, e não para a manifestação popular: "O problema da Harmonia não existe propriamente na música nacional. Simplesmente porque os processos de harmonização sempre ultrapassam as nacionalidades"[52].

Apresentadas essas correspondências categóricas entre os personagens e seus significados, cabe realçar e contextualizar os motivos metodológicos que levaram o autor, em sua poética, a ambientar toda a cena ficcional e musicológica em um rito brasileiro de matriz africana. A pesquisa do processo criador popular empreendida por Mário de Andrade exigia a busca de um ambiente que merecesse uma etnografia, que fosse ideal ou típico para um estudo dessa natureza. *Música de feitiçaria no Brasil*, texto de 1933[53], mostra o lugar da música na manifestação ritual religiosa afro-brasileira e, metodologicamente, mostra como um ambiente ritualizado pode conservar muitos dos procedimentos de criação musical popular, mesmo dentro de uma cidade moderna: "Quando andei de viagem pelo Nordeste e me dedicava em especial a conhecer a musicalidade da região, me interessei desde logo

51 *Idem, Ensaio sobre música brasileira, op. cit.*, pp. 97-100.

52 *Ibidem*, p. 97.

53 *Idem, Música de feitiçaria no Brasil, op. cit.*

pela feitiçaria. Isso era lógico, porque feitiçaria e música sempre andaram fundidas uma na outra"[54].

A combinação entre música e religiosidade aparece nesse momento como consequência do universo teórico construído pelo autor, influenciado pelo contexto de várias discussões etnológicas. Para entender esse pensamento, dois textos são reveladores. O primeiro é o artigo "A situação etnográfica do Brasil"[55], que demonstra de forma específica o interesse do autor por essa disciplina[56]. O segundo texto é *O banquete*, de 1943, no qual o autor mostra maior distanciamento de uma herança evolucionista na antropologia que ainda vigorava: "Estamos na bancarrota do cientificismo naturalista do século XIX, morte do homem como simples animalidade"[57]. Pode-se complementar, de um ponto de vista mais amplo, que, nesse contexto, o Brasil chegava a uma certa modernidade, com o advento da urbanização e da ciência. Mário de Andrade traz o reflexo dessas transformações em seus escritos, mesmo que de forma codificada.

Isso posto, é necessário voltar à cena do capítulo "Macumba", no qual os três personagens, que já categorizamos aqui em suas representações etnomusicológicas, interagem e se recriam culturalmente. O personagem ogã, inspirado em Pixinguinha, é primordial para entender o significado desse artista no pensamento musical de Mário de Andrade. Como o autor nunca dedicou nenhum estudo a Pixinguinha, embora o tenha entrevistado por ocasião da pesquisa empreendida para a redação do capítulo, como demonstrado por Flavia C. Toni (ver p. 28), essa referência se torna imprescindível:

> Então a macumba principiou de deveras se fazendo um sairê pra saudar os santos. E era assim: na ponta vinha o ogã tocador de atabaque, um negrão filho de Ogum, bexiguento e fadista de profissão, se chamando Olelê Rui Barbosa. Tabaque mexemexia acertado num ritmo que manejou toda a procissão. E as velas jogaram nas paredes de papel com florzinhas, sombras tremendo vagarentas feito assombração. Atrás do ogã vinha tia Ciata quase sem mexer, só beiços puxando a reza monótona.[58]

54 *Ibidem*, p. 23.

55 *Idem*, "A situação etnográfica do Brasil", *Síntese*, ano 1, n. 1, out. 1936, p. 14.

56 Claude Lévi-Strauss, *Longe do Brasil*, São Paulo: Editora Unesp, 2011.

57 Mário de Andrade, *O banquete*, *op. cit.*, p. 133.

58 *Idem*, *Macunaíma*, *op. cit.*, p. 56.

A descrição do ogã e de sua função na cena dá destaque à sua vitalidade na expressão "mexemexia", em contraste com a falta de força da Ciata, "quase sem mexer". Porém, havia uma interação entre os dois. O acerto entre o experto ogã e a secular Ciata conduzia o ritual de modo eficiente, uma vez que era seguido por todos. Portanto, o ogã sabia entender e decifrar os cantos fracos e monótonos da sacerdotisa, que já convalescia, para transformá-los em ritmo acentuado de dança, atualizando-os.

Outros modernistas, que também esperavam encontrar na cultura brasileira o que ela tinha de permanente, admiravam Pixinguinha por ele se comportar como uma fonte popular espontânea e não como um formalizado organizador musical. Para Mário de Andrade, ele também era uma fonte documental, ligada às manifestações afro-brasileiras, um informante que levou às pesquisas de *Música de feitiçaria no Brasil* e de um capítulo de *Macunaíma*. Hermano Vianna[59] destaca a proximidade que o grupo de músicos ao qual pertencia Pixinguinha teve de alguns intelectuais do período modernista, como Sérgio Buarque de Holanda, Prudente de Morais Neto e principalmente Gilberto Freyre. É sempre bom lembrar que essa proximidade não se dava sem algumas reservas. O próprio Prudente de Morais Neto, membro influente desse grupo, escreve um artigo comentando a vinda a São Paulo da Companhia Negra de Teatro, que tinha a orquestra dirigida por Pixinguinha, no espetáculo *Tudo preto*:

> Em suma, os negros dessa companhia fazem não arte negra, mas arte brasileira da melhor. Arte mestiça. E, por isso, são admiráveis. É imprescindível que seus diretores compreendam o perigo que pode lhes trazer qualquer passo em falso. Mas se souberem manter o espírito brasileiro que consciente ou inconscientemente os tem conduzido, a Companhia Negra será a melhor tentativa feita até aqui para a criação do nosso teatro.[60]

A grande ação de "Macumba" também anuncia um perigo, a criação do "jongo temível", uma música que resulta do intercâmbio entre a presença tradicional afro-brasileira da Ciata e a voga internacional, representada pela polaca: "O par de nuas executava um jongo improvisado e festeiro [...].

59 Hermano Vianna, *O mistério do samba*, Rio de Janeiro: UFRJ, 1995.

60 Prudente de Morais Neto, "Tudo preto", *Revista do Brasil*, 15 set. 1926.

Jongo temível [...]"[61]. O personagem ogã se exalta com a situação e luta para acompanhar o canto novo:

> Nem bem a reza recomeçou se viu pular no meio da saleta uma fêmea obrigando todos a silêncio com o gemido meio choro e puxar canto novo. Foi um tremor em todos e as velas jogaram a sombra da cunhã que nem monstro retorcido pro canto do teto, era Exu! Ogã pelejava batendo atabaque pra perceber os ritmos doidos do canto novo, canto livre, de notas afobadas cheio de saltos difíceis, êxtase maluco baixinho tremendo de fúria.[62]

O "jongo temível" era a indesejada possibilidade de perda ou banalização das tradições populares. Em *Música de feitiçaria no Brasil*, o próprio Mário de Andrade repete a mesma cena em fôrma de relato etnográfico, dando as chaves para sua compreensão:

> Peças desse gênero, construídos em ritmo livre mais incisivo, são frequentes na feitiçaria afro-brasileira, a julgar pelo que me contou um flautista célebre, que já foi ogã de macumba. Acontece, ele me dizia, que às vezes uma pessoa na qual o santo entrou fica de tal forma possessa que puxa um canto novo. Um canto que ele pelejava pra acompanhar com as batidas do tambor e de que era impossível escrever o compasso, me dizia o ogã, no entanto bem sabedor da nossa música.[63]

Nessa situação ritualística descrita, identifica-se uma das necessidades primordiais do modernismo: a possibilidade de transgressão das regras estabelecidas pela arte ocidental[64]. No caso do modernismo brasileiro, a busca de elementos para essa ruptura era feita a partir de observações de manifestações populares[65]. O projeto estético modernista se dava a par-

61 Mário de Andrade, *Macunaíma*, *op. cit.*, p. 61.

62 *Ibidem*, p. 60.

63 *Idem*, *Música de feitiçaria no Brasil*, *op. cit.* p. 42.

64 Fernando Fogliano, Daniel Malva e Melina Furquim, "Arte: estabilidade e ruptura, do modernismo ao *zeitgeist* da contemporaneidade", *Ars*, v. 17, n. 35, abr. 2019, pp. 59-77.

65 Gustavo Henrique Dionisio, "Ruptura, renovação?", em: *O antídoto do mal: crítica de arte e loucura na modernidade brasileira*, Rio de Janeiro: Fiocruz, 2012.

tir da quebra dos limites estéticos que, por sua vez, eram fruto de uma pesquisa em sociedades ágrafas. A composição de *Macunaíma*, escrito como se fosse música, quis dar um exemplo de realização criativa dessa nova arte baseada em uma identidade étnica e na contramão das modas internacionais. Na construção da personagem polaca, percebe-se a crítica reiterada de Mário de Andrade aos elementos de importação, desde a polca no século XIX[66] até a idolatria a Chopin entre os pianistas brasileiros[67] e a propagação mundial das orquestras de jazz e da indústria fonográfica no século XX. A polaca, ao interagir musicalmente com o ogã e a Ciata, é um grande momento de síntese da crítica cultural de Mário de Andrade em meio a seus interlocutores modernistas.

A alegoria das transformações pelas quais passava a música brasileira naquele contexto histórico musical específico nos faz retornar à questão dos critérios marioandradinos para seleção das músicas urbanas. Uma vez que já não seriam totalmente descartadas, elas mereceriam ser analisadas e aproveitadas como fonte para compor a música de concerto moderna brasileira, desde que livres dos resíduos da urbanização, comercialização e industrialização. Para tanto, passariam pelos critérios precisos da disciplina musical.

Dessa maneira, graças à sua ordenada sistematização musical, Mário de Andrade encontrava em sua coleção de discos elementos que ajudavam na busca das variantes e constâncias melódicas brasileiras, atentando sempre para o ruído da influência internacional. Foi o que aconteceu ao escutar a gravação de "Cena carioca", de João de Barro, na voz de Francisco Alves: "A 'Cena carioca' foi inspirada pelo 'Vendedor de amendoim' ianque-cubano que se tornou popular também aqui. Mas, afora certos tiques de orquestração, a invenção é nossa, inspirada nos cantos dos vendedores ambulantes cariocas"[68]. O *Ensaio sobre música brasileira* já trazia entre os cantos de trabalho alguns pregões, fontes valiosíssimas para a composição moderna, apesar de bem característicos do ambiente urbano. Na música de concerto, o reaproveitamento dessas frases linguístico-melódicas já era praticado desde o renascimento, mas serviu bem aos propósitos do modernismo, pois apresentava uma rítmica mais livre. A liberdade rítmica era um sinal dos tempos e estava sendo desfrutada também na música comercial em

66 Mário de Andrade, "Polca", em: *Dicionário musical brasileiro*, *op. cit.*, pp. 404-5.

67 *Idem*, "Atualidade de Chopin", em: *O baile das quatro artes*, São Paulo: Martins, 1963, pp. 135-65.

68 Ver disco 71, no "Catálogo".

Cuba, nos Estados Unidos ou no Brasil. A pesquisa estética, necessária à arte moderna, convivia com uma indústria do entretenimento, mesmo que de maneira crítica e distanciada. Essa indústria também esgotava periodicamente seus procedimentos e buscava novos recursos em diferentes ambientes. É possível escrever uma história da presença erudita na música popular industrializada, mas essa já seria "outra história".

Mário de Andrade, ouvinte de gravações fonográficas, percebia no maxixe um exemplo evidente dessa propagação de musicalidades, na qual "a influência da habanera e da polca por via marítima"[69] indicava um antigo casamento rítmico-melódico entre os três países: "O que parece mais acertado afirmar é que o maxixe é uma resultante de processos afro-americanos de musicar. Mas esses processos não são exclusividade nossa [...]"[70]. Para Mário, esses processos estavam fundamentalmente na melodia, já que os arranjos exigidos pelas gravadoras muitas vezes deformavam a validade científica das gravações. Portanto, a melodia popular prescindia do acompanhamento, e tal ordem deve ser levada em conta na sua musicologia. A dinamogenia, essa magia do som sobre o corpo, era uma das principais questões dos estudos de Mário de Andrade. Mas, para ele, mesmo nas danças o efeito dinamogênico deveria nascer da síncope imprevisível do canto e não no acompanhamento, como indica o manuscrito "O disco popular no Brasil"[71].

Todos esses exemplos mostram que a audição dos discos comerciais feita por Mário de Andrade explicita suas preocupações etnomusicológicas acerca da criação melódica e de sua adequação ou não às características brasileiras. O autor sugeria que na música moderna o fluxo criativo deveria basear-se em melodias tradicionais populares, mas seriam filtrados os arranjos orquestrais e outras evidências de civilização. Essa busca parte de um interesse fundamental do modernismo em alimentar-se de elementos de transgressão das formalidades da arte, da música e do ensino musical. E Mário de Andrade estava sempre preocupado em propor caminhos para uma produção ao mesmo tempo modernista e fundamentada em critérios de pesquisa, mesmo junto ao fonógrafo, escutando seus discos.

69 Mário de Andrade, "A influência do maxixe", em: *Ilustração Musical*, ago. 1930, p. 45.

70 *Ibidem*.

71 *Idem*, "O disco popular no Brasil", "Apêndice", pp. 253-5.

# Índice de músicas[1]

1 A numeração dos índices de músicas, compositores, intérpretes e gêneros corresponde à numeração dos discos.

# Índice de compositores[1]

1 Em razão da quantidade de nomes artísticos sem sobrenomes, preferimos ordenar os índices de acordo com o nome artístico integral de cada intérprete ou grupo, e não pelo sobrenome.

# Índice de intérpretes

# Índice de gêneros musicais

# Bibliografia

## Artigos de Mário de Andrade

"Cinema sincronizado". *Diário Nacional*, ano 3, n. 793, coluna Quartas Musicais, 29 jan. 1930, p. 7 (BNDigital, *online*).

"Cinema sincronizado e fonografia". Em: "Artigos meus sobre música (publicáveis em livro)", datado de 1930, Série Manuscritos Mário de Andrade, caixa 13, Fundo Mário de Andrade, Instituto de Estudos Brasileiros, Universidade de São Paulo.

"Discos e fonógrafos". *Diário Nacional*, ano 1, n. 207, coluna Arte, 11 mar. 1928, p. 2 (BNDigital, *online*).

"Elsie Houston". *Diário Nacional*, 16 fev. 1930 e 30 set. 1930 (Microfilme Mário de Andrade no *Diário Nacional*, pesquisa de Telê Porto Ancona Lopez, Instituto de Estudos Brasileiros, Universidade de São Paulo, 1968).

"O fonógrafo". *Diário Nacional*, ano 1, n. 193, coluna Arte, 24 fev. 1928, p. 2 (BNDigital, *online*).

"Orfeão Piracicabano". *Diário Nacional*, 15 jun. 1930 (Microfilme Mário de Andrade no *Diário Nacional*, pesquisa de Telê Porto Ancona Lopez, Instituto de Estudos Brasileiros, Universidade de São Paulo, 1968).

## Catálogos consultados na biblioteca de Mário de Andrade[1]

CATÁLOGO de discos nacionais e estrangeiros Odeon. Rio de Janeiro: Casa Edison, 1934.

CATÁLOGO de discos Victor: 1927, con material biográfico, anotaciones sobre óperas, fotografías de artistas y otra información de interés. New Jersey: Victor Talking Machine Company, 1927.[2]

1 Instituto de Estudos Brasileiros, Universidade de São Paulo.

2 Notas de Mário de Andrade no exemplar de sua biblioteca: grifos e cruzetas a lápis vermelho destacando autores e intérpretes estrangeiros.

CATÁLOGO de los discos archivados en la primera sección de la Discoteca Nacional (de Montevidéo). Montevidéu: Casa A. Barreiro y Ramos S. A., s/d.

CATÁLOGO geral dos discos brasileiros Columbia: 1931 – Notas mágicas, s/ed.

CATÁLOGO geral Odeon 1929-1930. Rio de Janeiro: Oficina Gráfica Carlos Meter & Cia., s/d.[3]

CLARK, Evans. *Catalogue of Latin American and West Indian Dances and Songs in the Record Collection of Evans Clark*. Mimeo, 1941.

DISCOS Victor Brasileiros (catálogo 1932-1933). Rio de Janeiro, s/ed.[4]

EDUCATIONAL Catalog and Graded List of Victor Records for Home School and College. New Jersey: RCA Victor Company, Inc., 1930.[5]

HIS MASTER'S Voice: Catalogue of Records, 1932. Londres: Havison & Sons Ltd., 1932.[6]

PARLOPHON: discos publicados julho 1928 – junho 1929. Rio de Janeiro: Papelaria Meier, s/d.[7]

WOLFF, Charles. *Disques: répertoire critique du phonographe*. Paris: Bernard Grasset, 1929.[8]

3 Notas de Mário de Andrade, a lápis. Na capa: "Lido/Discoteca". Página (3): "Choro parece indicar ideia de solo e acomp. pequeno para populares. V. toda esta série"; página (5), referente ao disco 10.335B – *Lá vem a Lua*: "Choro vivo, solo de bandolim por Luperce Miranda com acompanhamento de violão por J. Florence – bem como a série Choros Brasileiros".

4 Notas de Mário de Andrade manuscritas a lápis vermelho: grifos e cruzetas destacando definições de gêneros musicais brasileiros.

5 Notas de Mário de Andrade manuscritas a lápis vermelho no interior do volume: cruzetas destacando alguns dos discos listados.

6 Notas de Mário de Andrade manuscritas a lápis preto: 1ª capa – "Encomendar p. 41"; p. 29, grifos destacando obras de J. S. Bach; p. 41, cruzetas destacando discos sobre cantos de pássaros.

7 Nota de Mário de Andrade manuscrita a lápis preto, na capa: "Lido prá / Discoteca".

8 Notas de Mário de Andrade manuscritas a lápis vermelho: grifos e cruzetas destacando autores estrangeiros.

## Livros, dissertações e teses

ALVARENGA, Oneyda. *Mário de Andrade, um pouco*. Rio de Janeiro/São Paulo: José Olympio/SCET, 1974.

ALVARENGA, Oneyda; ANDRADE, Mário de. *Mário de Andrade e Oneyda Alvarenga: cartas*. São Paulo: Duas Cidades, 1983.

ANDRADE, Mário de. "A música no Brasil". Em: ANDRADE, Mário de. *Música, doce música*. 2. ed. São Paulo/Brasília: Martins/INL, 1976.

ANDRADE, Mário de. "A música e a canção populares no Brasil". Em: ANDRADE, Mário de. *Ensaio sobre a música brasileira*. 3. ed. São Paulo/Brasília: Martins/INL, 1972.

ANDRADE, Mário de. "A pronúncia cantada e o problema do nasal brasileiro através dos discos". Em: ANDRADE, Mário de. *Aspectos da música brasileira*. 2. ed. São Paulo/Brasília: Martins/INL, 1975.

ANDRADE, Mário de. *Aspectos da música brasileira*. 2. ed. São Paulo/Brasília: Martins/INL, 1975.

ANDRADE, Mário de. *Compêndio de história da música*. 2. ed. São Paulo: L. G. Miranda, 1933.

ANDRADE, Mário de. *Dicionário musical brasileiro*. Coordenação de Oneyda Alvarenga (1982/1984) e Flávia Camargo Toni (1984/1989). São Paulo: IEB/Edusp; Brasília: MinC; Belo Horizonte: Itatiaia, 1989.

ANDRADE, Mário de. *Ensaio sobre a música brasileira*. 3. ed. São Paulo/Brasília: Martins/INL, 1972.

ANDRADE, Mário de. *Ensaio sobre música brasileira*. Organização, estabelecimento de texto e notas de Flávia Camargo Toni. São Paulo: Edusp, 2020.

ANDRADE, Mário de. "Folclore". Em MORAES, Rubens Borba de; BERRIEN, W. (diretores). *Manual bibliográfico de estudos brasileiros*. Rio de Janeiro: Souza, 1949.

ANDRADE, Mário de. *Macunaíma: o herói sem nenhum caráter*. Edição crítica de Telê Porto Ancona Lopez (org.). Paris: Association Archives de la Littérature Latino-américaine, de Caraïbes et Africaine du XXe. Siècle; Brasília: CNPq, 1988.

ANDRADE, Mário de. *Mário de Andrade: cartas de trabalho – correspondência com Rodrigo Mello Franco de Andrade, 1936-1945*. Introdução e notas de Lélia Coelho Frota. Brasília: Secretaria do Patrimônio Histórico e Artístico Nacional, Fundação Pró-Memória, 1981.

ANDRADE, Mário de. *Música, doce música*. 2. ed. São Paulo/Brasília: Martins/INL, 1976.

ANDRADE, Mário de. *Música de feitiçaria no Brasil*. Organização, introdução e notas de Oneyda Alvarenga. São Paulo: Martins, 1963.

ANDRADE, Mário de. *Os cocos*. Preparação, introdução e notas de Oneyda Alvarenga. São Paulo/Brasília: Duas Cidades/ INL e Fundação Pró-Memória, 1984.

ANDRADE, Mário de. *Taxi e crônicas no Diário Nacional*. Estabelecimento de texto, introdução e notas de Telê Porto Ancona Lopez. São Paulo: Duas Cidades/SCCT, 1976.

ANDRADE, Mário de; BANDEIRA, Manuel. *Correspondência Mário de Andrade e Manuel Bandeira*. Organização, introdução e notas de Marcos Antonio de Moraes. São Paulo: Edusp, Instituto de Estudos Brasileiros, Universidade de São Paulo, 2000.

ARAÚJO, Leon. *"Sou da macumba e no feitiço não tenho rival": a música negra de J. B. de Carvalho e do Conjunto Tupy (1931-1941)*. Dissertação. Departamento de História, Instituto de Ciências Humanas e Filosofia, Universidade Federal Fluminense, 2015.

BESSA, Virgínia. *"Um bocadinho de cada coisa": trajetória e obra de Pixinguinha. História e música popular nos anos 20 e 30*. Dissertação. Departamento de História da Faculdade de Filosofia, Letras e Ciências Humanas, Universidade de São Paulo, 2006.

BINAZZI, Biancamaria. *Fonografia em trânsito: o intercâmbio de discos entre a Discoteca Pública Municipal de São Paulo e a Biblioteca do Congresso em Washington (1939-1943)*. Dissertação. Instituto de Estudos Brasileiros, Universidade de São Paulo, 2019.

BINAZZI, Biancamaria. *Goma-Laca: afrobrasilidades em 78 rpm* (2014) e *Goma--Laca: cantos populares do Brasil de Elsie Houston* (YB Music/2019). Produzidos por Biancamaria Binazzi e Ronaldo Evangelista com o apoio do ProAC.

CAMARASA, Antonio. *La antología sonora: una magnífica empresa en el mundo de la música*. Rosario: Tipografia Llordén, 1937.

CAROZZE, Valquíria Maroti. *A menina boba e a discoteca*. Dissertação. Instituto de Estudos Brasileiros, Universidade de São Paulo, 2012.

CASTRO, Moacir Werneck de. *Mário de Andrade: exílio no Rio*. Rio de Janeiro: Rocco, 1989.

COLI, Jorge. *Música final: Mário de Andrade e sua coluna jornalística Mundo Musical*. Campinas: Editora da Unicamp, 1998.

GONÇALVES, Camila Koshiba. *Música em 78 rotações: "Discos a todos os preços" na São Paulo dos anos 30*. Dissertação. Departamento de História da Faculdade de Filosofia, Letras e Ciências Humanas, Universidade de São Paulo, 2006.

GONZÁLEZ, Juliana Pérez. *A indústria fonográfica e a música caipira gravada*. Tese. Departamento de História da Faculdade de Filosofia, Letras e Ciências Humanas, Universidade de São Paulo, 2017.

SANTOS, Alcino *et al*. *Discografia brasileira – 78 rpm: 1902-1964*. 5 v. Rio de Janeiro: Funarte, 1982.

SEVERIANO, Jairo; MELLO, Zuza Homem de. *A canção no tempo: 85 anos de músicas brasileiras*, v. 1: 1901-1957. 5. ed. São Paulo: Editora 34, 2002.

SOARES, Fernanda Epaminondas. *"Fui o criador de macumbas em discos": macumba, samba e Carnaval pela trajetória de Getúlio Marinho da Silva*. Dissertação. Universidade Federal Fluminense, 2016.

SOUZA, Marcel Oliveira de. *A Rádio Escola do Departamento de Cultura de São Paulo: Mário de Andrade e a formação do gosto musical (1935-1938)*. Tese. Departamento de Música da Escola de Comunicações e Artes, Universidade de São Paulo, 2016.

TONI, Flávia Camargo. *O pensamento musical de Mário de Andrade*. Tese. Escola de Comunicações e Artes, Universidade de São Paulo, 1990.

TONI, Flávia Camargo; CAROZZE, Valquíria Maroti. "Mário de Andrade, Francisco Curt Lange e Carleton Sprague Smith: as discotecas públicas, o conhecimento musical e a política cultural". *Revista do Instituto de Estudos Brasileiros*, n. 57, dez. 2013, pp. 181-204.

VELLOSO, Rafael Henrique Soares; LUCAS, Maria Elizabeth. "Etnografia dos arquivos: a 'equidade cultural' na circulação de obras de Radamés Gnatalli e no repatriamento de gravações de Alan Lomax". *Anais do VI Encontro da Associação Brasileira de Etnomusicologia.* João Pessoa: UFPB, 2013.

VELLOSO, Rafael Henrique Soares; COELHO, Luís Fernando Hering; FUENTES, Eduardo Vetromilla. "Música em 78 rotações no sul do Brasil: um estudo de caso sobre as coleções de discos da Odeon e RCA Victor da discoteca L. C. Vinholes, de Pelotas (Rio Grande do Sul)". *Anais do X Encontro Nacional da Associação Brasileira de Etnomusicologia*. Porto Alegre: UFRGS, 2021, pp. 1217-28.

## Manuscritos

ANDRADE, Mário de. *Café* (Libreto). Manuscritos Mário de Andrade, MA-MMA-021. Fundo Mário de Andrade, Instituto de Estudos Brasileiros, Universidade de São Paulo.

ANDRADE, Mário de. *Fichário analítico*. Manuscritos Mário de Andrade, MA-MMA-048. Instrumentos de Pesquisa MA. Fundo Mário de Andrade, Instituto de Estudos Brasileiros, Universidade de São Paulo.

ANDRADE, Mário de. *Melodias do boi*. Manuscritos Mário de Andrade, MA-MMA-019. Fundo Mário de Andrade, Instituto de Estudos Brasileiros, Universidade de São Paulo.

ANDRADE, Mário de. *O sequestro da Dona Ausente*. MA-MMA-106. Fundo Mário de Andrade, Instituto de Estudos Brasileiros, Universidade de São Paulo.

# Agradecimentos

Aos agradecimentos registrados na edição de 2004, a Maurício de Carvalho Teixeira, Vladimir Sacchetta, José Ramos Tinhorão, Telê Porto Ancona Lopez, Yêdda Dias Lima, Marta Rossetti Batista, Maria Neuma Barreto Cavalcante e Tatiana Longo dos Santos, devo acrescentar mais alguns.

Biancamaria Binazzi, uma apaixonada pelos discos em goma-laca, colaborou para esta edição fazendo uma revisão cuidadosa das referências cruzadas, elaborando os índices por gêneros musicais e por títulos das obras, bem como revisando os índices de compositores, arranjadores e intérpretes. Foi por intermédio dela, também, que o colecionador Gilberto Gonçalves pôde nos esclarecer a respeito da possibilidade de que a gravação de "Babaô Miloquê" tenha tido uma ordem diferente de entrada em estúdio de gravação (ver n. 25 no "Catálogo"). Sou grata também a Rafael Victor Barbosa, hoje responsável pelo acervo histórico da Discoteca Pública Municipal, patrimônio do Centro Cultural São Paulo.

Não menos pacientes e dedicadas foram as equipes da Biblioteca e do Arquivo do Instituto de Estudos Brasileiros da Universidade de São Paulo, ontem e hoje, assim como a equipe das Edições Sesc São Paulo.

A dedicatória continua sendo para meus filhos Eduardo e Luciana.

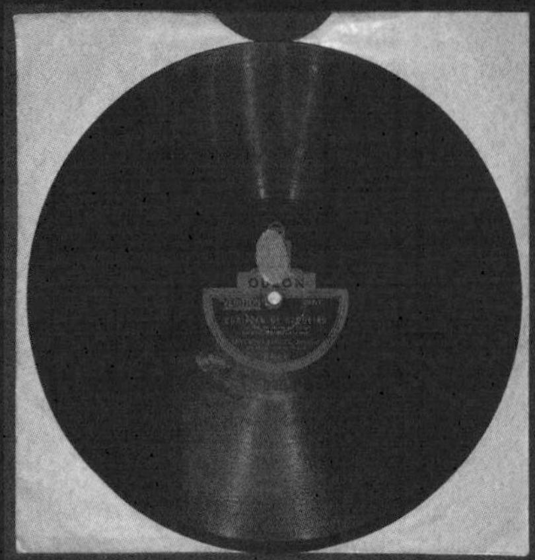

[1]

[2]

[3]

[4]

# Créditos das imagens

**pp. 1, 284, 294, 302, 310** _ MONTAGEM: *Disco* "Guriatã de coqueiro" (Severino Rangel "Ratinho"), Severino Rangel "Ratinho" com os Batutas do Norte – disco 37 no "Catálogo" [IMAGEM 1]. *Capa* "Vem cá! Não vou!" / "Urubatã" (Alfredo Vianna [Pixinguinha]), Orquestra Victor Brasileira – disco 12 no "Catálogo".

**pp. 6, 9, 10, 229, 230-1** _ MONTAGEM: *Disco* "Babaô Miloquê" (Josué [de] Barros), Josué de Barros e Orquestra Victor Brasileira – disco 23 no "Catálogo" [IMAGEM 2]. *Capa* "Babaô Miloquê" / "História de um capitão africano" (Josué [de] Barros), Josué de Barros e Orquestra Victor Brasileira – disco 23 no "Catálogo".

**pp. 13, 14, 26, 45, 46-7, 264** _ MONTAGEM: *Disco* "Triste Jandaia" (Josué [de] Barros), Carmen Miranda – disco 22 no "Catálogo" [IMAGEM 3]. *Capa* "Guriatã de coqueiro" / "Saxofone, porque choras?" (Severino Rangel "Ratinho"), Severino Rangel "Ratinho" com os Batutas do Norte – disco 37 no "Catálogo".

**p. 314** _ MONTAGEM: *Disco* "Odurê" / "Eriuá" (Candomblé), Filhos de Nagô – disco 59 no "Catálogo" [IMAGEM 4]. *Capa* "Odurê" / "Eriuá" / "Canto de Exu" / "Canto de Ogum" (Candomblé), Filhos de Nagô – disco 59 no "Catálogo".

Arquivo do Instituto de Estudos Brasileiros USP – Fundo Mário de Andrade

FONTES: Bennet Text Four e Lust Didone
PAPEL: Pólen Natural 80g/m², Supremo Alta Alvura 250g/m²
IMPRESSÃO: Pifferprint
dezembro 2024

FSC
www.fsc.org
MISTO
Papel | Apoiando o manejo florestal responsável
FSC® C044162